Einstern

Mathematik für Grundschulkinder

4

Themenheft 4

✴ Schriftliche Multiplikation
✴ Daten, Häufigkeit, Wahrscheinlichkeit
✴ Geometrie Teil 2 – Kreise und Muster

Erarbeitet von Roland Bauer und Jutta Maurach

In Zusammenarbeit mit der
Cornelsen Redaktion Grundschule

Mathematik für Grundschulkinder
Themenheft 4
Schriftliche Multiplikation
Daten, Häufigkeit, Wahrscheinlichkeit
Geometrie Teil 2 – Kreise und Muster

Erarbeitet von:	Roland Bauer, Jutta Maurach
Fachliche Beratung:	Prof'in Dr. Silvia Wessolowski
Fachliche Beratung exekutive Funktionen:	Dr. Sabine Kubesch, INSTITUT BILDUNG plus, im Auftrag des ZNL TransferZentrum für Neurowissenschaften und Lernen, Ulm
Redaktion:	Peter Groß, Agnetha Heidtmann, Uwe Kugenbuch
Illustration:	Yo Rühmer
Umschlaggestaltung:	Cornelia Gründer, agentur corngreen, Leipzig
Layout und technische Umsetzung:	lernsatz.de

fex steht für *Förderung exekutiver Funktionen*. Hierbei werden neueste Erkenntnisse der kognitiven Neurowissenschaft zum spielerischen Training exekutiver Funktionen für die Praxis nutzbar gemacht. **fex** wurde vom **ZNL TransferZentrum für Neurowissenschaften und Lernen** *(www.znl-ulm.de)* an der Universität Ulm gemeinsam mit der **Wehrfritz GmbH** *(www.wehrfritz.com)* ins Leben gerufen. Der Cornelsen Verlag hat in Kooperation mit dem ZNL ein Konzept für die Förderung exekutiver Funktionen im Unterrichtswerk *Einstern* entwickelt.

Bildnachweis

25 oben (Uhr) Fotolia/Becker, (Knöpfe) Fotolia/claer, (Blumentöpfe) Fotolia/Schlierner, (Autoreifen) Fotolia/Karin & Uwe Annas, (Fahrrad) Fotolia/Apart Foto, (CD) Fotolia/Waler, (Verkehrsschild) Fotolia/FM2, (Münze) Europäische Union **25 Mitte** (Kandinsky) INTERFOTO/IFPAD, (Delaunay) bpk-images/CNAC-MNAM, (Kirchenfenster) akg-images/Gerard Degeorge **26** PROFILFOTO Marek Lange **27** PROFILFOTO Marek Lange **32 unten** INTERFOTO/Granger, NYC **38 Mitte** Agentur Bridgeman/© Bridgemanimages.com **38 unten** Fotolia/spanish_ikebana

www.cornelsen.de

1. Auflage, 1. Druck 2017

Alle Drucke dieser Auflage sind inhaltlich unverändert und können im Unterricht nebeneinander verwendet werden.

© 2017 Cornelsen Verlag GmbH, Berlin

Das Werk und seine Teile sind urheberrechtlich geschützt.
Jede Nutzung in anderen als den gesetzlich zugelassenen Fällen bedarf der vorherigen schriftlichen Einwilligung des Verlages.
Hinweis zu den §§ 46, 52a UrhG: Weder das Werk noch seine Teile dürfen ohne eine solche Einwilligung eingescannt und in ein Netzwerk eingestellt oder sonst öffentlich zugänglich gemacht werden.
Dies gilt auch für Intranets von Schulen und sonstigen Bildungseinrichtungen.

Druck: Parzeller print & media GmbH & Co. KG, Fulda

ISBN 978-3-06-083701-4
ISBN 978-3-06-081946-1 (E-Book)

PEFC zertifiziert
Dieses Produkt stammt aus nachhaltig bewirtschafteten Wäldern und kontrollierten Quellen.
www.pefc.de
PEFC/04-31-1308

Inhaltsverzeichnis

Schriftliche Multiplikation

Schriftlich multiplizieren
- Die schriftliche Multiplikation kennenlernen ... 5
- Schriftliches Multiplizieren mit Überträgen kennenlernen ... 6
- Schriftliches Multiplizieren üben ... 7
- Ergebnisse überschlagen – Fehler finden und korrigieren ... 8
- Kommazahlen schriftlich multiplizieren ... 9
- Kosten für ein gemeinsames Frühstück berechnen ... 10

Schriftlich mit zweistelligen Zahlen multiplizieren
- Schriftliches Multiplizieren mit zweistelligen Zahlen kennenlernen ... 11
- Schriftliches Multiplizieren mit zweistelligen Zahlen üben ... 12
- Fehler finden und korrigieren – Überschlagsrechnung nutzen ... 13
- Besondere Aufgaben lösen und Begründungen finden ... 14

Sachsituationen zur schriftlichen Multiplikation
- Den Erlös des Kuchenverkaufs berechnen ... 15
- Zahlen der Grundschulzeit auswerten ... 16
- Rechengeschichten erfinden und lösen ... 17
- Zahlen rund um ein Musical bearbeiten 1 ... 18
- Zahlen rund um ein Musical bearbeiten 2 ... 19
- Zahlenrätsel und Knobeleien lösen ... 20

Weitere Rechenverfahren
- Mit dem Malkreuz multiplizieren ... 21
- Schriftliches Multiplizieren mit dreistelligen Zahlen kennenlernen ... 22

Daten, Häufigkeit, Wahrscheinlichkeit

Daten erfassen und Wahrscheinlichkeiten vergleichen
- Die Häufigkeit von Würfelergebnissen ermitteln ... 23
- Die Wahrscheinlichkeit von Ergebnissen vorhersagen ... 24

Kreise und Muster

Kreise entdecken und zeichnen
- In der Umgebung Kreise entdecken ... 25
- Mit Alltagsgegenständen Kreise zeichnen ... 26
- Mit dem Zirkel Kreise zeichnen ... 27
- Mit dem Zirkel Schmuckfiguren zeichnen ... 28
- Kreisfiguren nach Anleitung zeichnen ... 29
- Schmuckfigur und Anleitung erstellen ... 30
- Figuren mit Zirkel und Geodreieck nach Anleitung zeichnen ... 31
- Die Fibonacci-Zahlenfolge zeichnerisch darstellen ... 32
- In einen Kreis regelmäßige Vielecke zeichnen ... 33

Mit Bruchteilen umgehen
- Bruchteile der Kreisfläche darstellen ... 34
- Bruchteile von Größenangaben bestimmen ... 35
- Figuren verkleinern und vergrößern ... 36

Muster und Reihen
- Muster abzeichnen, vergrößern und verkleinern ... 37
- Formen, Muster und Ornamente erkennen und selbst gestalten ... 38
- Unterschiedliche Kreismuster gestalten ... 39
- Reihen erkennen und fortsetzen ... 40

Die schriftliche Multiplikation kennenlernen

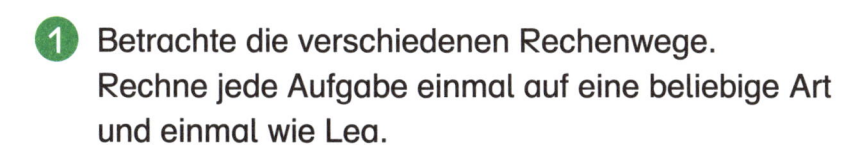

$312 \cdot 3 = \square$

Ich addiere schriftlich.

```
  3 1 2
  3 1 2
+ 3 1 2
-------
  9 3 6
```

Ich multipliziere halbschriftlich.

$312 \cdot 3 = 936$
$2 \cdot 3 = 6$
$10 \cdot 3 = 30$
$300 \cdot 3 = 900$
$312 \cdot 3 = 936$

Ich multipliziere auch halbschriftlich und schreibe vereinfacht.

```
  3 1 2 · 3
          6
         3 0
      + 9 0 0
      -------
        9 3 6
```

H	Z	E	
3	1	2	· 3

H	Z	E
	9	3	6

Rechne so:

$3 \cdot 2E = 6E$. Schreibe 6.
$3 \cdot 1Z = 3Z$. Schreibe 3.
$3 \cdot 3H = 9H$. Schreibe 9.

$3 \cdot 2 = 6$
$3 \cdot 1 = 3$
$3 \cdot 3 = 9$

Ich rechne schriftlich. Dabei tausche ich die Rechenrichtung und beginne immer mit dem Einer. Den Einer des Ergebnisses schreibe ich unter die Zahl, mit der ich multipliziere.

Ich rechne wie Einstern, aber schreibe ohne Stellentafel.

$312 \cdot 3$
936

1 Betrachte die verschiedenen Rechenwege.
Rechne jede Aufgabe einmal auf eine beliebige Art und einmal wie Lea.

a) $403 \cdot 2$ b) $211 \cdot 4$ c) $231 \cdot 3$
d) $232 \cdot 3$ e) $133 \cdot 3$ f) $442 \cdot 2$
g) $3123 \cdot 3$ h) $2121 \cdot 4$ i) $4334 \cdot 2$
k) $2031 \cdot 3$ l) $3412 \cdot 2$ m) $1230 \cdot 3$

Seite 5 Aufgabe 1
a) Lea: $403 \cdot 2$ b) ...
   806

* erproben unterschiedliche Lösungswege
* entscheiden individuell, welche Art der Berechnung angemessen ist

Schriftliches Multiplizieren mit Überträgen kennenlernen

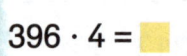

396 · 4 =

Ich rechne schriftlich und merke mir die Überträge. Die Stellentafel hilft mir.

H	Z	E	
3	9	6	· 4

T	H	Z	E
	1	5	8	4

Rechne so:

4 · 6E = 24E. Schreibe 4E, merke 2Z.
4 · 9Z = 36Z. 36Z + 2Z = 38Z. Schreibe 8Z, merke 3H.
4 · 3H = 12H. 12H + 3H = 15H. Schreibe 5H und 1T.

4 · 6 = 24. Schreibe 4 und merke 2.
4 · 9 = 36, 36 + 2 = 38. Schreibe 8 und merke 3.
4 · 3 = 12, 12 + 3 = 15. Schreibe 15.

Ich rechne schriftlich wie Einstern, schreibe aber kürzer ohne Stellentafel.

1 Rechne schriftlich wie Lea. Überlege, wie du dir die Überträge merkst.

a) 416 · 3   b) 237 · 9   c) 938 · 4
   523 · 6   358 · 6   628 · 5
   334 · 7   437 · 4   723 · 2

Seite 6 Aufgabe 1
a) 416 · 3   b) ...
   ----
   1 2 4 8

2 Multipliziere die großen Zahlen auf die gleiche Weise.

a) 4 352 · 4   b) 8 723 · 6   c) 17 438 · 4
   6 328 · 7   9 517 · 8   65 305 · 7
   9 403 · 6   4 768 · 3   99 999 · 2

Seite 6 Aufgabe 2
a) 4 3 5 2 · 4   b) ...
   ----
   1 7 4 0 8

* lösen Multiplikationsaufgaben im Zahlenraum bis zur Million
* nutzen Zahlenstrukturen und normierte Rechenverfahren
* nutzen die fachlich richtige Sprechweise

→ AH Seite 41
→ Ü Seite 37

Schriftliches Multiplizieren üben

1 Rechne schriftlich. Erprobe unterschiedliche Möglichkeiten, dir den Übertrag zu merken.

a) 54 368 · 6
30 510 · 5
78 423 · 7

b) 13 840 · 7
423 250 · 2
210 423 · 4

c) 157 402 · 3
64 308 · 4
77 777 · 5

d) 68 557 · 8
43 417 · 9
463 528 · 2

e) Besprich mit anderen Kindern, wie ihr euch die Überträge merkt.

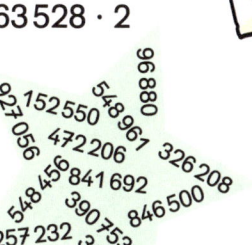

99 880 · 152 550 · 548 961 · 927 056 · 472 206 · 326 208 · 548 456 · 841 692 · 846 500 · 390 753 · 257 232 · 388 885

Seite 7 Aufgabe 1
a) ...

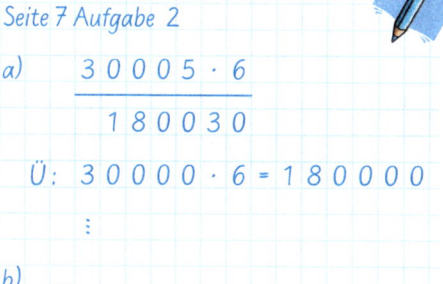

Am Rand aufschreiben und dann wieder ausstreichen.
Ich habe einige Tipps für die Überträge.
Den Übertrag immer auch mitsprechen.
Mit den Fingern merken.
...

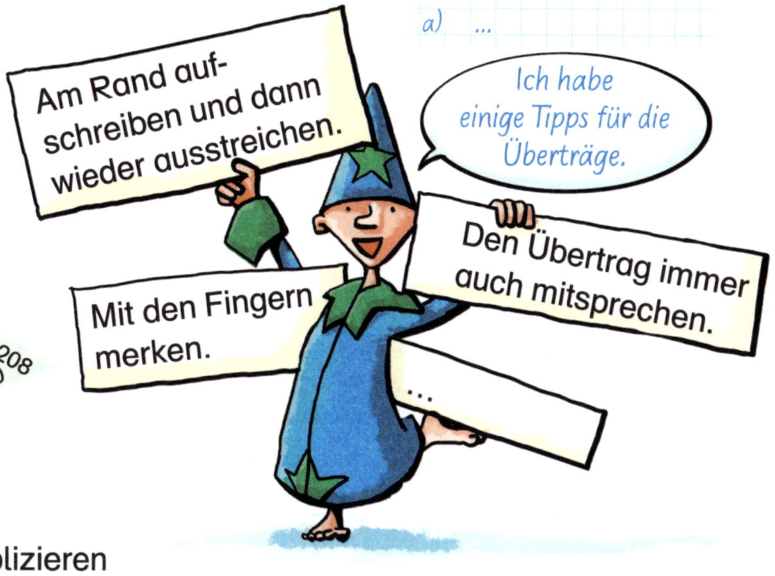

2 Achte hier beim schriftlichen Multiplizieren vor allem auf die Nullen.
Prüfe mit einer Überschlagsrechnung.

a) 30 005 · 6
3 406 · 3
4 040 · 7

b) 12 060 · 4
40 209 · 6
104 060 · 5

c) 3 094 · 2
70 400 · 7
100 315 · 8

Seite 7 Aufgabe 2
a) 30005 · 6
180030
Ü: 30000 · 6 = 180000
⋮
b) ...

3 Ergänze die fehlenden Ziffern.

a) _0_1 · 3 = 9_6_

b) 347_6 · 5 = 173580

c) 1_7_2 · 7 = 109984

d) 23458 · _ = __0748

e) _4_3 · 2 = 4_26

f) _21_ · 2 = 2__6

Seite 7 Aufgabe 3
a) ...

4 Zwei Ergebnisse sind falsch. Prüfe durch Überschlag und berechne sie neu.

a) 6405 · 6 = 38430

b) 4040 · 5 = 2200

c) 18006 · 8 = 12448

Seite 7 Aufgabe 4
a) ...

→ 3 9 7 → 7 6 9 8 → 6 8 5 4 7 — 42 21 56

→ AH Seiten 42 und 43
→ Ü Seite 38

* erproben verschiedene Merkhilfen im Zusammenhang mit den Überträgen und tauschen Erfahrungen mit anderen Kindern aus
* übertragen ihre Kenntnisse auf erweiterte Sachverhalte

Ergebnisse überschlagen – Fehler finden und korrigieren

1 Berechne nur die Aufgaben genau, deren Ergebnisse zwischen 30 000 und 40 000 liegen. Überschlage zunächst, um diese Aufgaben zu finden.

a) 6418 · 6   b) 9758 · 9   c) 16 704 · 2
d) 7859 · 5   e) 6814 · 6   f) 8009 · 5

Seite 8 Aufgabe 1
a) Ü: 6 0 0 0 · 6 = 3 6 0 0 0
    6 4 1 8 · 6
    ─────────
    3 8 5 0 8
b) Ü: …

2 Immer zwei Aufgaben haben das gleiche Ergebnis.

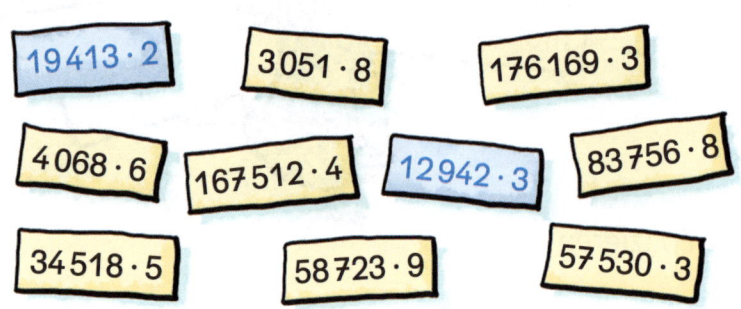

19 413 · 2   3051 · 8   176 169 · 3
4068 · 6   167 512 · 4   12 942 · 3   83 756 · 8
34 518 · 5   58 723 · 9   57 530 · 3

Seite 8 Aufgabe 2
1 9 4 1 3 · 2 = 1 2 9 4 2 · 3

3 Überschlage jeweils zuerst und finde so die falschen Lösungen. Rechne diese Aufgaben noch einmal und notiere, welche Fehler gemacht wurden.

a) 61 512 · 8   b) 12 067 · 8   c) 48 412 · 7
   ─────────   ─────────   ─────────
     52 096   816 536   338 884

d) 3012 · 8   e) 24 852 · 3   f) 16 314 · 4
    ───────   ─────────   ─────────
     2496   64 556   5256

Seite 8 Aufgabe 3
a) Ü: 6 0 0 0 0 · 8 = 4 8 0 0 0 0
     6 1 5 1 2 · 8
     ─────────
     4 9 2 0 9 6
     8 · 1 vergessen zu rechnen
b) …

4 Finde heraus, welche Fehler jeweils gemacht wurden. Notiere Rechentipps.

a) 3827 · 3   b) 53 006 · 4   c) 4368 · 5
   ───────   ─────────   40
    9461   21 224   30
                                    15
d) 7207 · 6   e) 54 817 · 2   20
   ───────   ─────────   ─1─
   49 248   143 690   105

f) 2819 · 4
   ───────
   832 436

Seite 8 Aufgabe 4
a) Überträge vergessen   b) …
   Tipp:

Überlege, wie du dir den Übertrag am besten merken kannst.

* überprüfen Ergebnisse, finden und korrigieren Fehler
* kategorisieren Fehler und leiten daraus Rechentipps ab

Kommazahlen schriftlich multiplizieren

1 Betrachte die beiden Rechenwege.
Entscheide dich für einen Rechenweg und löse die Aufgaben.

a) 4,95 € · 5   b) 52,38 € · 4   c) 7,53 € · 6

2 Ein Kasten Mineralwasser kostet 5,49 €.
Berechne schriftlich wie Lea den Preis für …

a) … 3 Kästen.   b) … 5 Kästen.
c) … 8 Kästen.   d) … 9 Kästen.

3 Ein Kasten Orangensaft kostet 11,34 €.
Berechne schriftlich den Preis für …

a) … 3 Kästen.   b) … 4 Kästen.
c) … 6 Kästen.   d) … 7 Kästen.

4 Im Sonderangebot kostet ein Kasten Mineralwasser 4,79 €
und 1 Kasten Orangensaft 9,99 €.

a) Berechne den Gesamtpreis,
wenn je 3 Kästen gekauft werden.

b) Berechne, wie viel Geld im Sonderangebot
gespart wurde. Beachte dazu die Preisangaben
in den Aufgaben **2** und **3**.

→ AH Seite 44
→ Ü Seite 39

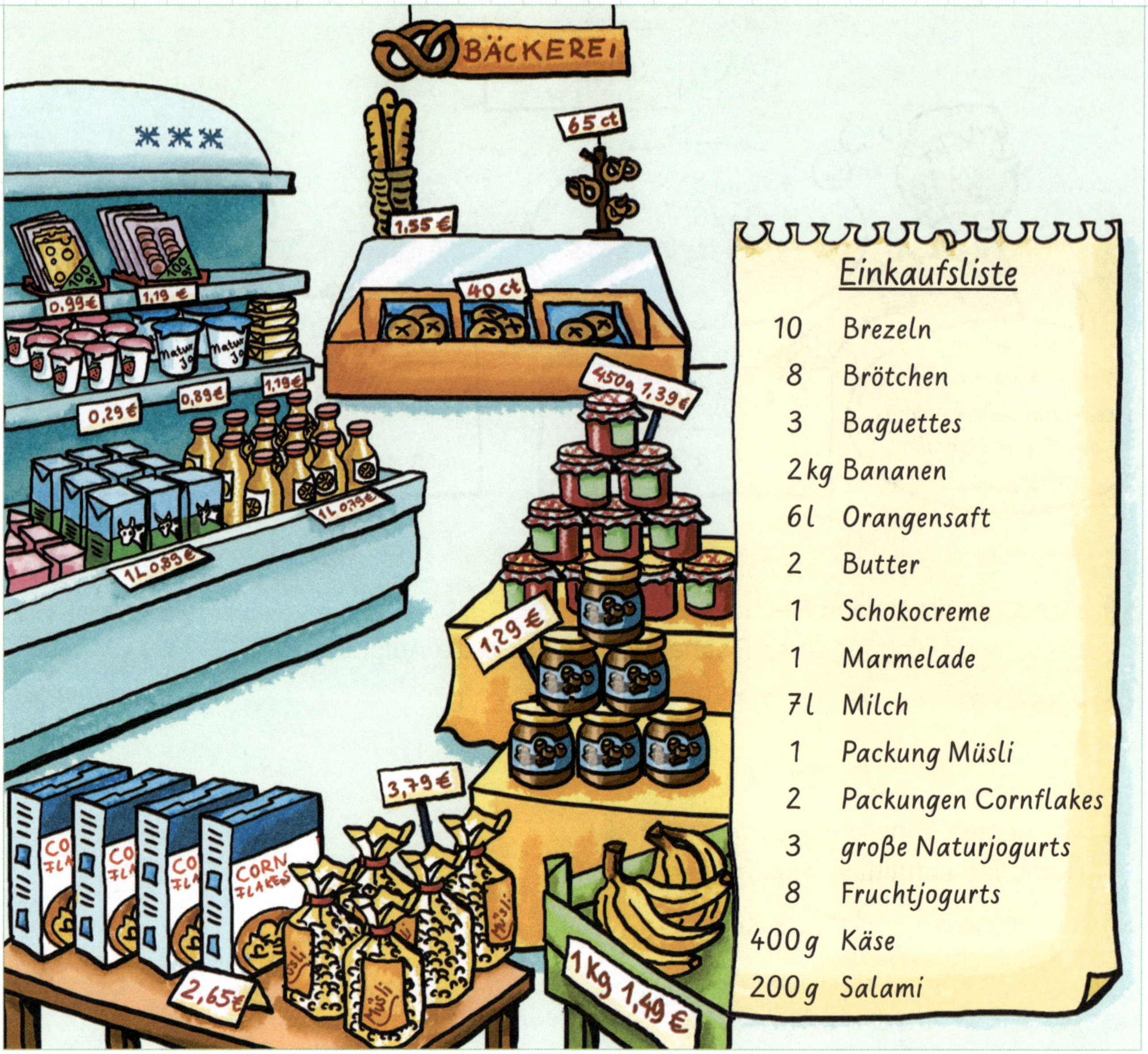

Kosten für ein gemeinsames Frühstück berechnen

Einkaufsliste

- 10 Brezeln
- 8 Brötchen
- 3 Baguettes
- 2 kg Bananen
- 6 l Orangensaft
- 2 Butter
- 1 Schokocreme
- 1 Marmelade
- 7 l Milch
- 1 Packung Müsli
- 2 Packungen Cornflakes
- 3 große Naturjogurts
- 8 Fruchtjogurts
- 400 g Käse
- 200 g Salami

1 Die Klasse von Tim und Lea frühstückt am letzten Schultag vor den Osterferien gemeinsam.

a) Wie viel kostet der Einkauf für das Frühstück?

b) In der Klassenkasse sind noch 45 €. Um wie viel ist der Einkauf teurer?

c) Wie viel Geld ist nach dem Frühstück in der Klassenkasse, wenn alle 26 Kinder je 1 € bezahlen?

d) Worauf könnte die Klasse verzichten, wenn das Frühstück nicht teurer als 45 € werden soll?

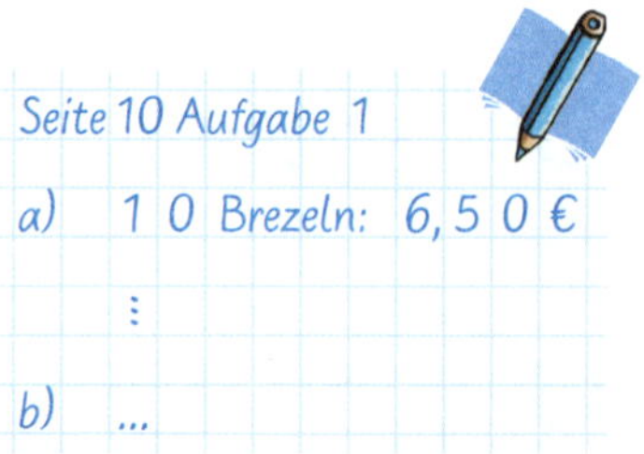

Seite 10 Aufgabe 1
a) 10 Brezeln: 6,50 €
   ⋮
b) ...

2 Stelle zusammen, was du für ein Frühstück in deiner Klasse kaufen würdest. Ermittle die Kosten.

* entnehmen Informationen zu Größen aus unterschiedlichen Quellen
* lösen Sachsituationen mit Größen

Schriftliches Multiplizieren mit zweistelligen Zahlen kennenlernen

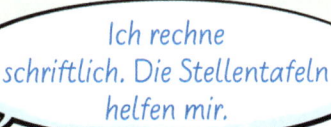

Ich rechne schriftlich. Die Stellentafeln helfen mir.

H	Z	E		Z	E
3	2	1	·	2	4

	T	H	Z	E
		6	4	2
	1	2	8	4
			1	
	7	7	0	4

2 · 1 = 2
2 · 2 = 4
…

Rechne so:

2Z · 1E = 2Z	Schreibe 2.
2Z · 2Z = 4H	Schreibe 4.
2Z · 3H = 6T	Schreibe 6.
4E · 1E = 4E	Schreibe 4.
4E · 2Z = 8Z	Schreibe 8.
4E · 3H = 12H = 2H und 1T	Schreibe 2.
	Schreibe 1.

Addiere dann beide Ergebnisse.

Ich rechne schriftlich, schreibe aber ohne Stellentafeln. Dabei muss ich darauf achten, mit dem Schreiben unter der Ziffer zu beginnen, mit der ich multipliziere.

```
  3 2 1 · 2 4
  ─────────
      6 4 2
    1 2 8 4
          1
    7 7 0 4
```

273 · 24 =

```
  2 7 3 · 2 4
  ─────────
      5 4 6
    1 0 9 2
          1
    6 5 5 2
```

Mit Überträgen geht es genauso:
2 · 3 = 6. Schreibe 6.
2 · 7 = 14. Schreibe 4 und merke 1.
2 · 2 = 4, 4 + 1 = 5. Schreibe 5.
4 · 3 = 12. Schreibe 2 und merke 1.
4 · 7 = 28, 28 + 1 = 29. Schreibe 9 und merke 2.
4 · 2 = 8, 8 + 2 = 10. Schreibe 10.
Addiere dann beide Ergebnisse.

1 Rechne jede Aufgabe wie Lea und Tim.

a) 73 · 24
81 · 43
92 · 42
37 · 25

b) 326 · 13
511 · 16
423 · 14
183 · 12

c) 3412 · 15
2134 · 12
6549 · 17
7468 · 16

Seite 11 Aufgabe 1
a) 7 3 · 2 4
     1 4 6
     2 9 2
   ─────
     … 2

b) …

→ AH Seite 45

* lösen Multiplikationsaufgaben mit mehrstelligen Faktoren im Zahlenraum bis zur Million

Schriftliches Multiplizieren mit zweistelligen Zahlen üben

1 Rechne schriftlich, vergleiche mit den Kontrollzahlen.

a) 435 · 58
308 · 34
465 · 73
385 · 29

b) 4514 · 23
6419 · 46
5037 · 62
8317 · 91

c) 22222 · 55
22312 · 35
40248 · 19
16050 · 43

Seite 12 Aufgabe 1
a) ...

10472, 11165, 25230, 33945, 103822, 295274, 312294, 690150, 756847, 764712, 780920, 1222210

2 Vier Ergebnisse sind falsch. Finde sie, indem du überschlägst und die Einerstelle des angegebenen Ergebnisses überprüfst. Berechne die richtigen Ergebnisse.

a) 407 · 65 = 2645
c) 368 · 33 = 12142
e) 597 · 23 = 13730

b) 654 · 73 = 47742
d) 215 · 88 = 1892
f) 738 · 43 = 31734

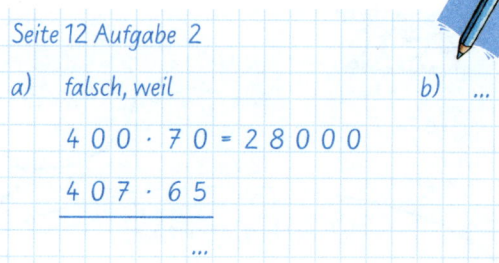

3 Berechne nur die Aufgaben, deren Ergebnis zwischen 3000 und 4000 liegt.

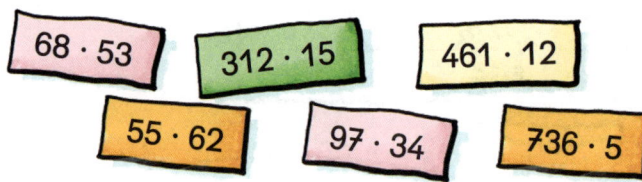

Seite 12 Aufgabe 3
...

4 Ergänze die fehlenden Ziffern.

a)   8■ · 3■
    ■46
    164
    ■■■■

b)   ■344 · 3■
     16■■■
      ■■88
     17■08

c)   3■4 · 35
     9372
     ■620
     ■■■■■

Seite 12 Aufgabe 4
a) ...

5 Suche dir ein anderes Kind. Jeder zeichnet eine Multiplikationsaufgabe mit Platzhaltern auf. Würfelt dann abwechselnd und tragt die gewürfelten Ziffern ein. Zum Schluss rechnet ihr die Aufgaben aus. Gewonnen hat, wer das höchste Ergebnis erzielt.

6 Löse in deinem Lerntagebuch eine Aufgabe, bei der du mit zweistelligen Zahlen multiplizierst. Schreibe dazu, was du dabei alles beachten musst.

★ überprüfen Ergebnisse durch Überschlagsrechnung
★ erproben mit anderen Kindern systematisch und zielorientiert und nutzen die Einsicht in Zusammenhänge

→ AH Seite 46
→ Ü Seite 40

Fehler finden und korrigieren – Überschlagsrechnung nutzen

1 Finde gemeinsam mit einem anderen Kind heraus, welche Fehler jeweils gemacht wurden.
Suche Erklärungen und nutze den richtigen Rechentipp.

Meine Tipps:

1 Einmaleins üben

2 Jede Stelle multiplizieren

3 Richtig untereinanderschreiben

4 An die Überträge denken

5 Überträge nicht in die Rechnung schreiben

a)
```
  568 · 34
   2204
   2273
      1
  24313
```

b)
```
  465 · 73
   3255
   1395
     1 1
   4650
```

c)
```
  3415 · 42
  1216420
    68210
       1 1
 12232410
```

d)
```
  4514 · 87
    31598
    36112
       1 1
   352092
```

e)
```
  7458 · 65
    42408
    35050
        1
   459130
```

f)
```
  34052 · 87
    24416
   238364
      1 1
   482524
```

g)
```
  4512 · 88
  3240816
  3240816
 35648976
```

h)
```
  32757 · 27
    65514
   229298
       1 1
   884438
```

2 Rechne zu jeder Überschlagsrechnung eine passende Aufgabe.

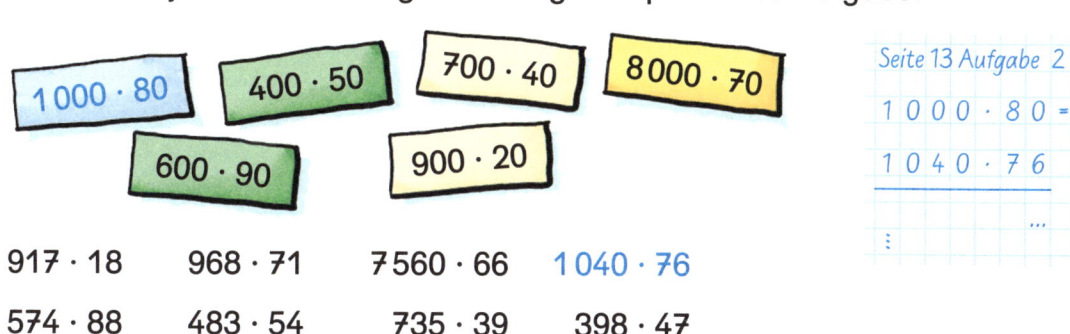

1 000 · 80   400 · 50   700 · 40   8 000 · 70
600 · 90   900 · 20

917 · 18   968 · 71   7560 · 66   **1040 · 76**
574 · 88   483 · 54   735 · 39   398 · 47

Seite 13 Aufgabe 2
1 0 0 0 · 8 0 = 8 0 0 0 0
1 0 4 0 · 7 6
...

70   2   6   3   50   7   80   30   8   40   6   7   240   420   210

→ AH Seite 47
→ Ü Seite 41

* überprüfen Ergebnisse, kategorisieren Fehler und leiten daraus passende Rechentipps ab
* geben die ungefähre Größenordnung der Ergebnisse durch Überschlagsrechnung an

Besondere Aufgaben lösen und Begründungen finden

1 Löse die Aufgaben. Schreibe auf, was dir auffällt.

a) 23 · 64 = ☐　　b) 31 · 26 = ☐　　c) 24 · 84 = ☐
　 32 · 46 = ☐　　　 13 · 62 = ☐　　　 42 · 48 = ☐

2 Untersuche weitere Aufgabenpaare.

a) Probiere, ob das bei allen Aufgabenpaaren, bei denen Einer und Zehner getauscht sind, so ist.

b) Betrachte die einzelnen Ziffern der Zahlen, die in Aufgabe **1** multipliziert werden. Schreibe auf, wie sie zusammenhängen.

c) Finde selbst ein passendes Aufgabenpaar.

3 Löse die Aufgaben jeweils mit mehreren unterschiedlichen Zahlen.

a) Multipliziere eine beliebige dreistellige Zahl zuerst mit 25 und anschließend das Ergebnis mit 4.

b) Multipliziere eine beliebige dreistellige Zahl mit 5 und dann das Ergebnis mit 20.

c) Multipliziere eine beliebige dreistellige Zahl mit 25 und das Ergebnis mit 40.

d) Multipliziere eine beliebige dreistellige Zahl mit 50 und dann das Ergebnis mit 20.

4 Was fällt dir bei Aufgabe **3** auf, wenn du deine gewählten Ausgangszahlen und die Ergebniszahlen vergleichst? Besprich deine Erklärung mit einem anderen Kind.

5 Löse die Aufgabenpaare. Schreibe auf, was dir auffällt.

a) 125 · 24 = ☐　　b) 7 686 · 21 = ☐　　c) 15 433 · 64 = ☐
　 250 · 12 = ☐　　　 3 843 · 42 = ☐　　　 30 866 · 32 = ☐

6 Erkläre einem anderen Kind, was das Besondere an den Aufgabenpaaren in Aufgabe **5** ist, und suche eine Begründung. Stellt gemeinsam solche Aufgabenpaare zusammen und schreibt sie mit den Ergebnissen auf.

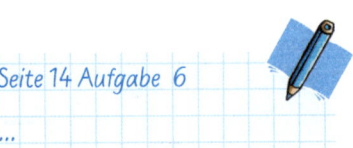

* wenden ihre mathematischen Kenntnisse, Fähigkeiten und Fertigkeiten bei der Bearbeitung herausfordernder und unbekannter Aufgaben an
* erkennen mathematische Zusammenhänge, entwickeln Lösungswege und suchen Begründungen

Den Erlös des Kuchenverkaufs berechnen

1 Die Klasse von Tim und Lea veranstaltet in der großen Pause einen Kuchenverkauf. Von den Einnahmen werden zuerst die Zutaten bezahlt. Das übrige Geld möchte die Klasse an ein Kinderheim spenden. Die Kinder besorgen sich ein Rezept und informieren sich, wie teuer die Zutaten sind.

Rezept für einen Nusskuchen
in der Kastenform

Zutaten:
- 250 g geriebene Haselnüsse
- 50 g Bitterschokolade
- 250 g Butter
- 200 g Zucker
- 1 Päckchen Vanillezucker
- 4 Eier
- 250 g Mehl
- 1 Päckchen Backpulver
- 1 Päckchen Schokoglasur

Zubereitung
Die Schokolade grob reiben.
Die Zutaten alle nacheinander zu einem Rührteig verarbeiten.
Den Teig in eine gefettete Kastenform füllen und bei 180° C ungefähr 60 Minuten backen.
Den kalten Kuchen mit Schokoglasur bestreichen.

Preise der Zutaten:
200 g	geriebene Haselnüsse	2,20 €
100 g	Bitterschokolade	0,72 €
250 g	Butter	1,49 €
1000 g	Zucker	1,10 €
5	Päckchen Vanillezucker	1,10 €
10	Eier	2,50 €
1000 g	Mehl	1,36 €
3	Päckchen Backpulver	0,99 €
1	Päckchen Schokoglasur	1,29 €

200 g Haselnüsse 2,20 €
100 g Haselnüsse 1,10 €
50 g Haselnüsse 0,55 €

250 g Haselnüsse kosten 2,75 €.

Die Kinder backen zwölf Kuchen. Einen Kuchen schneiden sie in 20 Stücke. Ein Stück verkaufen sie für 80 Cent.

Berechne jeweils für einen Kuchen …

a) … den Preis für die Zutaten.
b) … die Einnahmen beim Verkauf.
c) … den Gewinn, der gespendet wird.

Seite 15 Aufgabe 1
a) 2 5 0 g Haselnüsse kosten 2,7 5 €
       5 0 g …
       ⋮
b) …

2 Berechne die Beträge in Aufgabe **1** für zwölf Kuchen.

Seite 15 Aufgabe 2
…

3 Wie viele Kuchen müssten sie bei einem Verkaufspreis von 80 Cent pro Stück mindestens verkaufen, wenn sie …

a) … mindestens 80 Euro spenden wollen?
b) … mindestens 120 Euro spenden wollen?

Seite 15 Aufgabe 3
a) …

★ entnehmen Informationen zu Größen aus unterschiedlichen Quellen
★ lösen Sachsituationen mit Größen durch schriftliches Multiplizieren

Zahlen der Grundschulzeit auswerten

1 Tim und Lea sammeln Zahlen zu ihrer vierjährigen Grundschulzeit.

Ein Schuljahr hat 38 Schulwochen.

In der 4. Klasse haben wir jede Woche 26 Stunden Unterricht.

In einer Woche haben wir 6 Stunden Deutsch und 5 Stunden Mathematik.

Eine Woche hat 5 Schultage.

Eine Unterrichtsstunde dauert 45 Minuten.

Tim braucht für seinen Schulweg 10 Minuten.

Leas Schulweg ist 1,5 km lang.

Jeden Tag haben wir 20 Minuten große Pause.

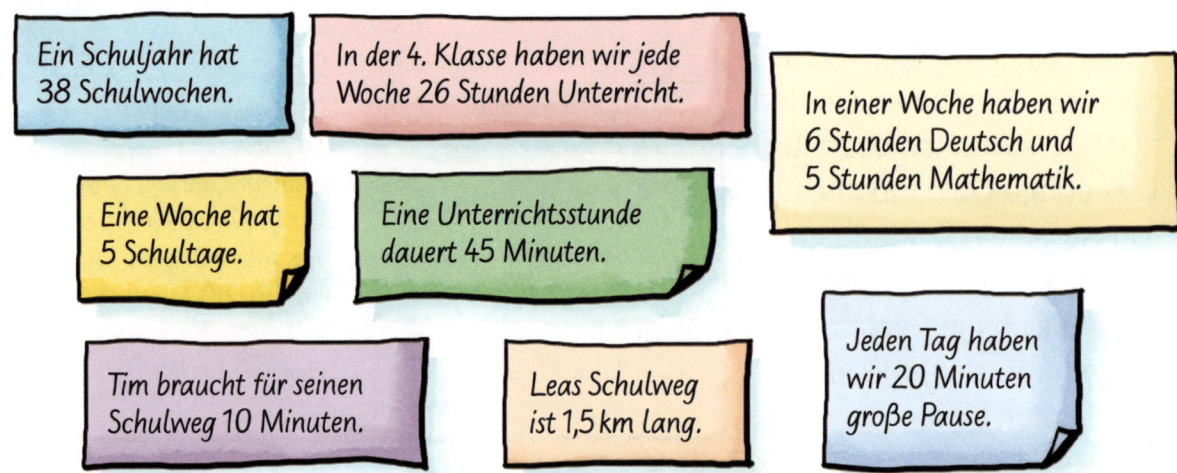

Sie haben sich dazu ein Rechenquiz ausgedacht. Beantworte die Fragen. Schreibe Rechnungen und Antworten auf.

a) Wie viele Wochen gehen wir in der vierjährigen Grundschulzeit in die Schule?

Seite 16 Aufgabe 1
a) ...

b) Wie viele Schultage haben wir etwa in vier Jahren?

c) Wie viele Wochen Ferien haben wir in einem Schuljahr?

d) Wie viele Ferienwochen sind das in vier Jahren?

e) Wie viele Stunden große Pause haben wir in einem Schuljahr?

2 Überprüfe Leas und Tims Behauptungen.

a) Lea: „In einem Schuljahr habe ich 570 km Schulweg zurückgelegt."

Seite 16 Aufgabe 2
a) ...

b) Tim: „In jedem Schuljahr hatten wir 3 800 Minuten Pause."

c) Lea: „In einem Schuljahr haben wir 8 550 Minuten Mathematik."

3 Schreibe selbst weitere richtige Behauptungen auf. Überlege gemeinsam mit einem anderen Kind, welche Behauptungen durch einen Überschlag und welche durch eine genaue Rechnung überprüft werden können.

Seite 16 Aufgabe 3
...

20 70 30 → 60 70 50 30 → 40 7 90 5 80 → 3 200 600 1 800

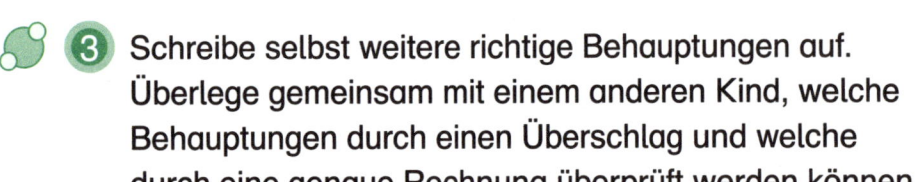

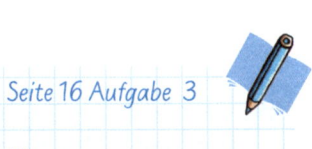

★ entnehmen Darstellungen der Lebenswirklichkeit relevante Informationen und übersetzen diese in die Sprache der Mathematik
★ finden mathematische Lösungen zu Sachsituationen, überprüfen diese auf Plausibilität und begründen, ob dabei ein genaues Ergebnis notwendig ist oder eine Überschlagsrechnung ausreicht

Rechengeschichten erfinden und lösen

1 Finde zu den Informationen Fragen, Rechnungen und Antworten.

a) In drei Sekunden werden auf der ganzen Welt neun Babys geboren.

b) Eine Kuh gibt an einem Tag zwischen 15 und 40 Liter Milch.

c) Lea braucht für einmal Zähneputzen vier Minuten.

d) Tim atmet in einer Minute 23-mal ein und aus.

2 Die Kinder haben sich gegenseitig Multiplikationsaufgaben aufgeschrieben, zu denen eine Rechengeschichte gefunden werden soll.

a) Ordne den Rechengeschichten der Kinder die passenden Aufgaben zu. Notiere Rechnung und Antwort im Heft.

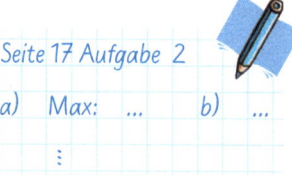

b) Schreibe zu mindestens zwei der Aufgaben eine eigene Rechengeschichte.

c) Erfinde selbst eine Aufgabe und eine passende Rechengeschichte.

d) Erfinde für ein anderes Kind eine Aufgabe, zu der es eine Rechengeschichte finden soll.

e) Erfinde eine Rechengeschichte, zu der ein anderes Kind eine passende Aufgabe finden soll.

→ AH Seite 48

* finden mathematische Lösungen zu Sachsituationen
* formulieren zu Sachsituationen mathematische Fragestellungen
* finden zu einer vorgegebenen Multiplikationsaufgabe eine passende Sachsituation

Zahlen rund um ein Musical bearbeiten 1

DIE KÖNIGIN DER TIERE

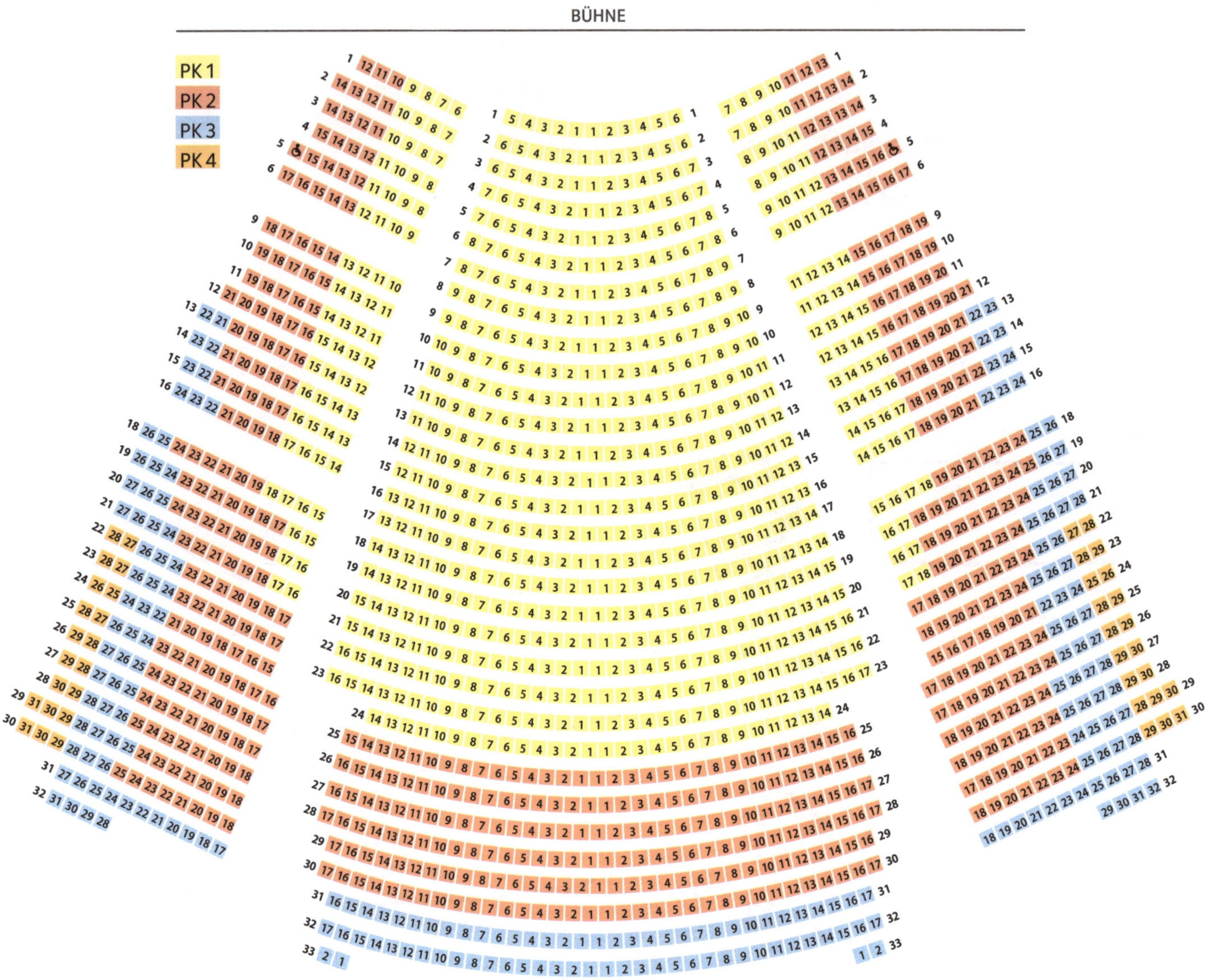

BÜHNE

PK 1
PK 2
PK 3
PK 4

PK = Preiskategorie	PK 4	PK 3	PK 2	PK 1
	in €	in €	in €	in €
Di. 18:30 Uhr, Mi. 18:30 Uhr, So. 19:00 Uhr	49,89	75,19	97,04	110,84
Do. 20:00 Uhr, So. 14:00 Uhr	75,19	86,69	110,84	121,19
Fr. 20:00 Uhr, Sa. 14:00 Uhr	75,19	97,04	114,29	126,94
Sa. 19:00 Uhr	86,69	110,84	121,19	146,49

Ermäßigte Preise für Di. 18:30 Uhr, Mi. 18:30 Uhr, So. 19:00 Uhr				
PK = Preiskategorie	PK 4	PK 3	PK 2	PK 1
	in €	in €	in €	in €
Kinder (bis 14 Jahre)	–	60,95	78,43	89,47
Schüler, Studenten, Azubis, Bundesfreiwillige	–	68,07	87,73	100,15
Behinderte Personen (min. 70 %)	–	60,95	78,43	89,47
Rollstuhlfahrer / Begleitung	–	60,95	78,43	89,47
Senioren (ab 65 Jahre; nicht Di.)	–	68,07	87,73	100,15

Zahlen rund um ein Musical bearbeiten 2

 1 Betrachte gemeinsam mit einem anderen Kind den Saalplan.
Besprecht eure Beobachtungen.
Die folgenden Fragen helfen dabei.

a) Welche unterschiedlichen Bezeichnungen (Einteilungen) gibt es?

b) Wie ist die Nummerierung in den einzelnen Reihen aufgebaut?

c) Wie viele Plätze gibt es im Theater? Schätzt zuerst. Berechnet dann durch geschicktes Zusammenfassen und Zählen die genaue Zahl.

d) Stellt in einer Tabelle zusammen, wie viele Plätze es in jeder Preiskategorie gibt.

e) Sucht selbst weitere Fragen und Antworten.

2 Berechne Preisunterschiede. Schreibe Vergleiche auf:
Eine Karte in Preiskategorie … kostet … € mehr/weniger als in Preiskategorie …

3 Berechne jeweils für mindestens zwei Preiskategorien, …

a) … wie viel Familie Bauer bezahlen muss (2 Erwachsene, 2 Senioren und 2 Schüler).

b) … wie viel der Musical-Besuch für dich und deine Familie kosten würde.

c) … wie teuer ein Besuch für deine Klasse wäre.

d) Mit wem würdest du am liebsten das Musical besuchen? Berechne den Eintrittspreis.

 4 Im Internet findest du auch zu anderen Musicals, Theatern oder Kinos entsprechende Saalpläne und Preislisten. Dort kannst du dich über weitere Angebote informieren.
Vergleiche deine Erkundungsergebnisse mit denen anderer Kinder. Informiert euch gegenseitig über die Angebote.

 5 40 200   →   300 50 200 6   →   8 50 300 9 400   3 200 1 800 1 000

* entnehmen Sachsituationen relevante Informationen
* entwickeln im Rahmen von Sachsituationen eigene Fragestellungen
* übersetzen Problemstellungen aus Sachsituationen in ein mathematisches Modell und lösen sie

Zahlenrätsel und Knobeleien lösen

1 Löse die Zahlenrätsel.
Schreibe die Rechnungen in dein Heft.

Seite 20 Aufgabe 1
...

Mai-Lin: Meine Zahl erhältst du, wenn du vom 13-Fachen von 354 die Zahl 1999 subtrahierst.

Max: Multipliziere die Differenz von 12 859 und 8 756 mit 58, dann erhältst du meine Zahl.

Sofie: Bilde aus den Ziffern 0, 9, 4, 8 die größtmögliche Zahl und multipliziere sie mit 13. Dann erhältst du meine Zahl.

Ole: Du erhältst meine Zahl, wenn du die Summe aus der größten und der kleinsten Zahl bildest, die du aus den Ziffern 1, 3, 9, 7 zusammensetzen kannst, und das Ergebnis mit 45 multiplizierst.

Patrick: Berechne die Differenz der Zahlen 5 972 und 3 847. Multiplizierst du dann das Ergebnis mit dem 6-Fachen von 16, so erhältst du meine Zahl.

Sterne: 499 950 • 204 000 • 2 603 • 237 974 • 127 920

2 Setze die Ziffern ⑤ ③ ⑧ ① ④ in die Aufgabe ⬜⬜⬜ · ⬜⬜ ein.
Schreibe jeweils Lösungen so auf, dass du …

a) … das kleinste mögliche Ergebnis erhältst.
b) … vier Ergebnisse mit der Endziffer 0 erhältst.
c) … vier Ergebnisse mit der Endziffer 4 erhältst.
d) … vier Ergebnisse mit der Endziffer 3 erhältst.

Seite 20 Aufgabe 2
a) ...

3 Finde zwei Nachbarzahlen, für die gilt:

a) ⬜⬜ · ⬜⬜ = 342   b) ⬜⬜ · ⬜⬜ = 420
c) ⬜⬜ · ⬜⬜ = 992   d) ⬜⬜ · ⬜⬜ = 4692

20 · 20 = 400

Seite 20 Aufgabe 3
a) ...

Ich mache zuerst eine Überschlagsrechnung.

* wenden ihre mathematischen Kenntnisse, Fähigkeiten und Fertigkeiten bei der Bearbeitung herausfordernder und unbekannter Aufgaben an
* verwenden mathematische Fachbegriffe

Mit dem Malkreuz multiplizieren

1 Lies jeweils die Aufgabe und das Ergebnis ab.

a)
×	5
40	200
3	15
	215

b)
×	8
60	480
7	56
	536

c)
×	4
100	400
20	80
6	24
	504

Seite 21 Aufgabe 1

a) 43 · 5 = 215   b) ...

d)
×	10	7	
20	200	140	
4	40	28	
	240	168	408

e)
×	20	8	
60	1200	480	
7	140	56	
	1340	536	1876

f)
×	5
400	2000
30	150
7	35
	2185

g)
×	30	6	
200	6000	1200	
50	1500	300	
8	240	48	
	7740	1548	9288

2 Berechne die Aufgaben mit dem Malkreuz.

a) 77 · 5 =   b) 28 · 13 =   c) 317 · 6 =
83 · 7 =   47 · 25 =   125 · 12 =
29 · 8 =   69 · 16 =   432 · 18 =

Seite 21 Aufgabe 2

a) ...

 3 Für welche Aufgaben findest du diese Methode geeignet? Für welche nicht? Schreibe eine Begründung auf und stelle sie einem anderen Kind vor.

Seite 21 Aufgabe 3

...

* zerlegen Zahlen im Zahlenraum bis zur Million
* entscheiden passend zu einer gegebenen Aufgabe, welche Art der Berechnung zur Lösung angemessen ist

Schriftliches Multiplizieren mit dreistelligen Zahlen kennenlernen

$2321 \cdot 243 = $ ▢

Ich rechne wieder schriftlich mit den Stellenwerten.

T	H	Z	E		H	Z	E
2	3	2	1	·	2	4	3

	HT	ZT	T	H	Z	E
		4	6	4	2	
			9	2	8	4
+				6	9	6	3
		1	1	2	1	
	5	6	4	0	0	3

Ich rechne schriftlich ohne Stellenwerte. Mit dem Schreiben beginne ich unter der Ziffer, mit der ich rechne.

2 · 1 = 2. Schreibe 2.
2 · 2 = 4. Schreibe 4.
2 · 3 = 6. Schreibe 6.
2 · 2 = 4. Schreibe 4.
4 · 1 = 4. Schreibe 4.
4 · 2 = 8. Schreibe 8.
4 · 3 = 12. Schreibe 2 und merke 1.
4 · 2 = 8, 8 + 1 = 9. Schreibe 9.
3 · 1 = 3. Schreibe 3.
3 · 2 = 6. Schreibe 6.
3 · 3 = 9. Schreibe 9.
3 · 2 = 6. Schreibe 6.
Addiere dann die Ergebnisse.

```
 2 3 2 1 · 2 4 3
 ─────────────
     4 6 4 2
       9 2 8 4
         6 9 6 3
       1 1 2 1
 ─────────────
   5 6 4 0 0 3
```

Meral

1 Schau dir die Rechenwege an. Berechne die Aufgaben wie Meral.

a) 273 · 241   b) 2326 · 137   c) 3412 · 158
   685 · 432   3582 · 165   2154 · 126

Seite 22 Aufgabe 1

2 Berechne die Zeiten für einen Monat und für ein Jahr.
Schreibe passende Aussagesätze in dein Heft.

a) Lea flötet täglich 15 Minuten.

b) Tim schläft täglich etwa 10 Stunden, das sind 600 Minuten.

c) Maja spielt mit ihrer Freundin jede Woche etwa 12 Stunden, das sind 720 Minuten.

d) Finde selbst ähnliche Beispiele, löse dazu die passenden Aufgaben. Stelle deine Aufgaben einem anderen Kind vor.

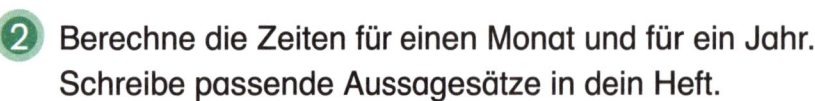
Seite 22 Aufgabe 2
a) ...

* lösen Multiplikationsaufgaben im Zahlenraum bis zur Million
* lösen Sachsituationen mit Größen
* entwickeln zu vorgegebenen Aufgabenmustern selbst passende Sachsituationen und Lösungswege

Die Häufigkeit von Würfelergebnissen ermitteln

1

Tim und Lea würfeln immer mit zwei Würfeln.
Vermute, wer die besseren Chancen hat, mit dem nächsten Wurf zu gewinnen.

2 Würfle mindestens 50-mal mit zwei Würfeln.
Bilde jeweils die Summe der gewürfelten Zahlen.
Notiere deine Ergebnisse in Form einer Strichliste.
Wie oft erhältst du welche Summe?

Seite 23 Aufgabe 2

Summe der Augenzahlen	Anzahl der Würfe
2	
⋮	
12	
	⋮

3 Übertrage die Tabelle in dein Heft.

Seite 23 Aufgabe 3

+	⚀	⚁	⚂	⚃	⚄	⚅
⚀	2	3	4			
⚁	3	4				
⚂						
⚃						
⚄						
⚅						

Fülle sie aus, um zu ermitteln, welche Summen beim Würfeln
mit zwei Würfeln entstehen können. Markiere gleiche Summen
mit der gleichen Farbe. Was fällt dir auf?

4 Überprüfe deine Vermutung in Aufgabe **1**. Nutze dazu die Ergebnisse in den Aufgaben **2** und **3**. Besprich deine Überlegungen mit einem anderen Kind.

5 Überlege gemeinsam mit einem anderen Kind, welche Ergebnisse ihr beim Werfen mit drei Würfeln häufig erhaltet und welche selten.
Überprüft eure Vermutung, indem ihr würfelt und wie in Aufgabe **2** eine Tabelle anfertigt.

Seite 23 Aufgabe 5

...

★ schätzen zu einfachen Zufallsexperimenten Gewinnchancen ein, vergleichen
ihre Ergebnisse und überprüfen handelnd ihre Vorhersagen
★ variieren die Bedingungen für einfache Zufallsexperimente systematisch
und vergleichen und bewerten die Ergebnisse der Experimente

Die Wahrscheinlichkeit von Ergebnissen vorhersagen

1 Arbeite mit einem Partnerkind.
Legt in einen leeren Karton 20 rote und
20 andersfarbige Würfel. Mischt die Würfel.

a) Überlegt, wie viele rote Würfel dabei sein könnten, wenn ihr mit verschlossenen Augen acht Würfel herausnehmt. Begründet eure Vermutungen.

b) Zieht nun aus dem Karton acht Würfel. Notiert, wie viele von ihnen rot sind. Legt die Würfel zurück, mischt sie und zieht wieder acht Würfel. Wiederholt den Vorgang mindestens 10-mal. Vergleicht eure Ergebnisse mit eurer Vermutung.

c) Verdoppelt die Anzahl der roten Würfel im Karton und wiederholt die Aufgaben a) und b). Was verändert sich dadurch? Warum?

2 Wirf mit einer 1-€-Münze.

a) Schätze, wie oft die 1-€-Münze ungefähr mit der Zahl nach oben auf dem Boden landet, wenn du sie 20-mal wirfst.

b) Führe den Versuch (20-mal werfen) mehrmals durch und notiere jeweils, wie oft die Seite mit der Zahl nach oben zeigt.

c) Vergleiche deine Ergebnisse mit denen anderer Kinder. Fasst eure Beobachtungen und Ergebnisse zusammen. Auf diese Weise erhaltet ihr eine genauere Aussage.

3 Nun sollen zwei 1-€-Münzen 20-mal geworfen werden.

a) Schätze zuerst, wie oft nun eine Zahl oben liegt, wenn du 20-mal wirfst. Überlege auch, wie oft zwei Zahlen oben liegen könnten.

b) Überprüfe deine Vermutungen, indem du den Versuch (20-mal werfen) mehrmals mit zwei Münzen durchführst.

4 Du hast bei unterschiedlichen Experimenten Vermutungen über die Wahrscheinlichkeit von Ergebnissen angestellt und anschließend eigene Versuche durchgeführt. Schreibe in deinem Lerntagebuch auf, was dir dabei aufgefallen ist.

★ schätzen zu einfachen Zufallsexperimenten Gewinnchancen ein, vergleichen ihre Ergebnisse und überprüfen handelnd ihre Vorhersagen
★ variieren die Bedingungen für einfache Zufallsexperimente systematisch und vergleichen und bewerten die Ergebnisse zu den Experimenten

→ AH Seite 49

In der Umgebung Kreise entdecken

1 Finde weitere Alltagsgegenstände, an denen du Kreise entdeckst. Schreibe ihre Namen auf oder zeichne sie.

Seite 25 Aufgabe 1
Tellerrand, ...

2 In der Malerei und in der Architektur findet man häufig kreisförmige Abbildungen oder kreisförmige Teile an Bauwerken.

Wassily Kandinsky:
Kreise im Kreis, 1923

Robert Delaunay:
Rhythms, 1934

Notre-Dame de Chartres

a) Male selbst ein Kunstwerk, das aus vielen Kreisen besteht.

b) Oder: Schneide gemeinsam mit einem anderen Kind aus Zeitungen und Katalogen kreisförmige Gegenstände aus. Fertigt eine Collage an.

Ich gestalte ein Kunstwerk aus Kreisen.

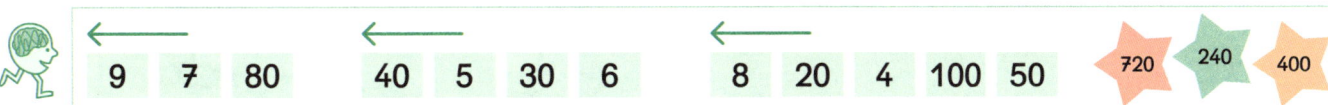

→ AH Seite 50

★ entdecken Kreise in Alltagsgegenständen sowie in Kunst und Architektur

Mit Alltagsgegenständen Kreise zeichnen

1 Zeichne Kreise auf unterschiedliche Arten. Die Bilder zeigen einige Beispiele. Welche Methoden findest du außerdem?

2 Zeichne mithilfe von Gegenständen solche oder ähnliche Figuren aus Kreisen.

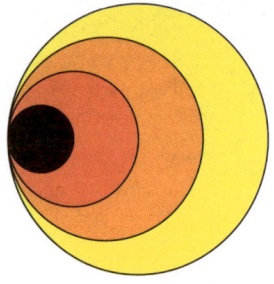 

3 Zeichne große Kreise.

a) Zeichne gemeinsam mit einem anderen Kind mithilfe einer Schnur und Kreide einen oder mehrere Kreise auf den Schulhof.

b) Ihr könnt mit mehreren Kreisen ein Wurfspiel oder ein Hüpfspiel zeichnen und dazu eine Spielanleitung entwerfen.

Mit dem Zirkel Kreise zeichnen

 1 Zeichne mit dem Zirkel verschiedene Kreise. Stelle durch unterschiedliche Versuche fest, wie du den Zirkel dabei am besten hältst. Sprich mit anderen Kindern darüber.

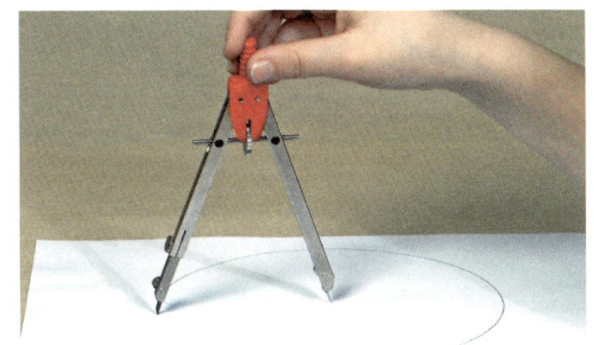

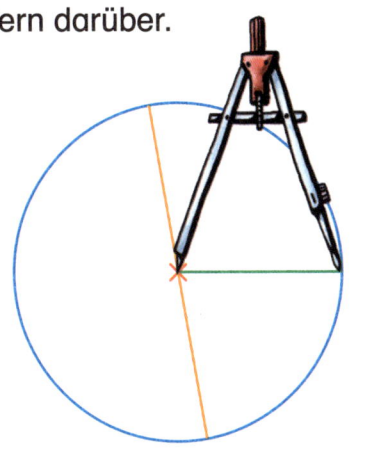

Die verschiedenen Linien und Punkte haben alle einen Namen.

Kreislinie
Mittelpunkt (M)
Radius (r)
Durchmesser (d)

2 Zeichne mit dem Zirkel Kreise mit unterschiedlichen Radien ins Heft. Für die Einstellung des Zirkels benötigst du ein Lineal oder das Geodreieck.

a) Radius 3 cm, 4 cm, 5 cm, 6 cm

b) Radius 3 cm 5 mm, 4 cm 3 mm, 5 cm 4 mm

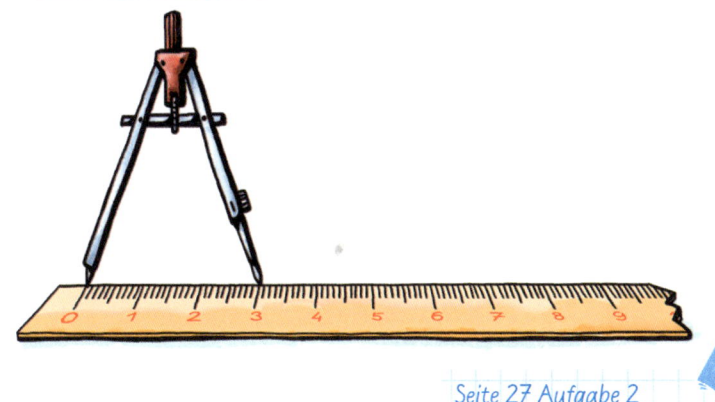

Seite 27 Aufgabe 2

a) ...

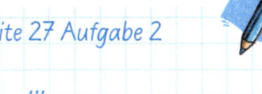

3 Zeichne mit dem Zirkel diese Kreismuster und male sie aus. Gestalte auch eigene Muster.

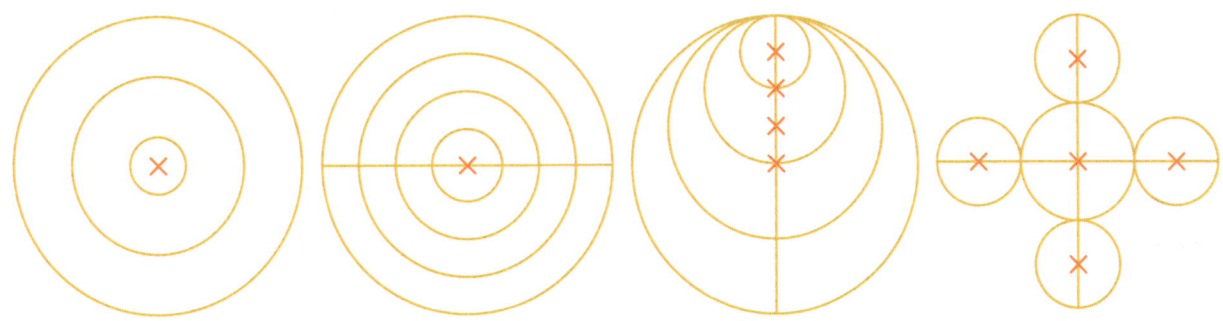

→ Ü Seite 42

★ zeichnen mit angemessener Handhabung mit dem Zirkel Kreise
★ verwenden Fachbegriffe richtig
★ übertragen vorgegebene Kreismuster und gestalten eigene

Mit dem Zirkel Schmuckfiguren zeichnen

1 Zeichne mindestens vier der folgenden Schmuckfiguren mit dem Zirkel in dein Heft. Die Kästchen helfen dir, den Mittelpunkt und den Radius der Kreise zu finden.

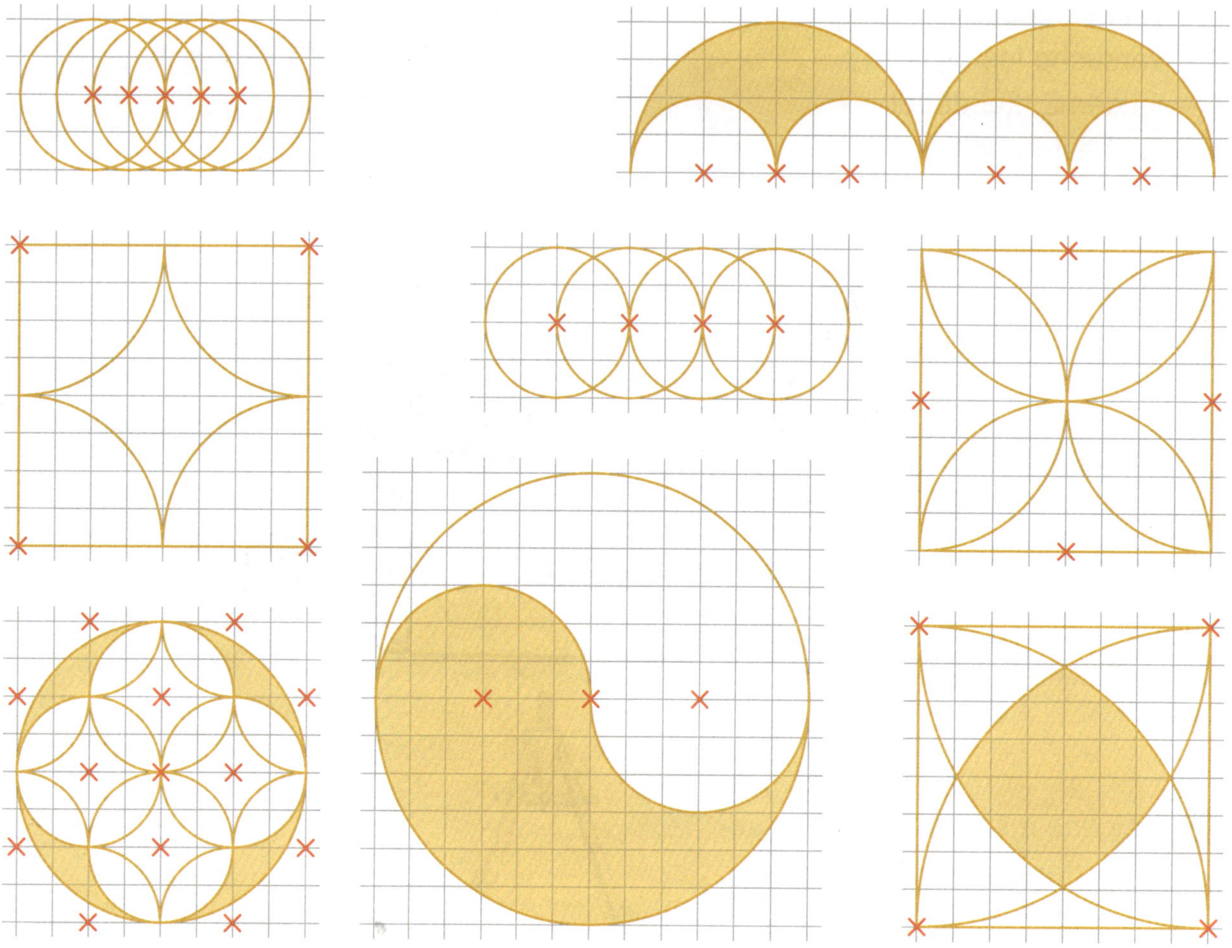

2 Zeichne diese Schmuckfiguren in dein Heft oder auf ein unlinertes Blatt. Die eingezeichneten Mittelpunkte helfen dir.

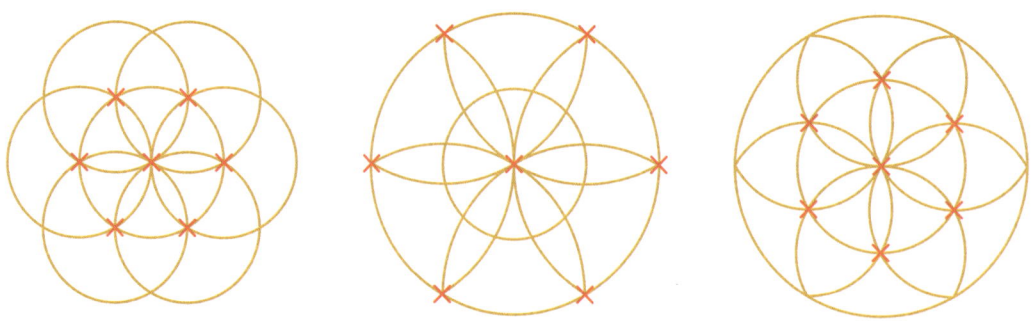

3 Gestalte selbst weitere Schmuckfiguren. Stelle sie einem anderen Kind vor.

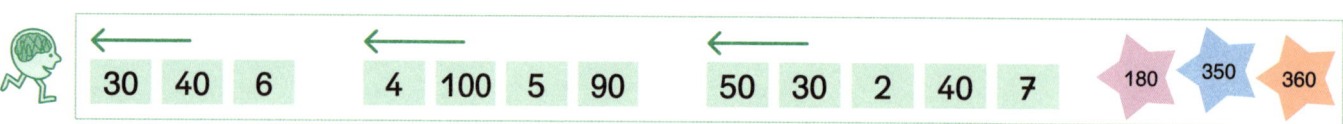

←			←				←								
30	40	6	4	100	5	90	50	30	2	40	7	180	350	360

28 * zeichnen mit dem Zirkel vorgegebene Ornamente und Schmuckfiguren und gestalten selbst weitere   → Ü Seite 43

Kreisfiguren nach Anleitung zeichnen

1 Miss jeweils den Radius der Kreise mit dem Lineal. Schreibe die Länge in cm und in mm auf.

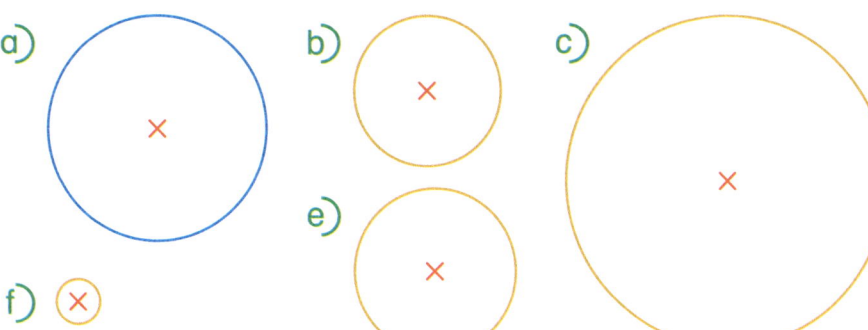

Seite 29 Aufgabe 1
a) r = 1,5 cm = 15 mm
b) ...

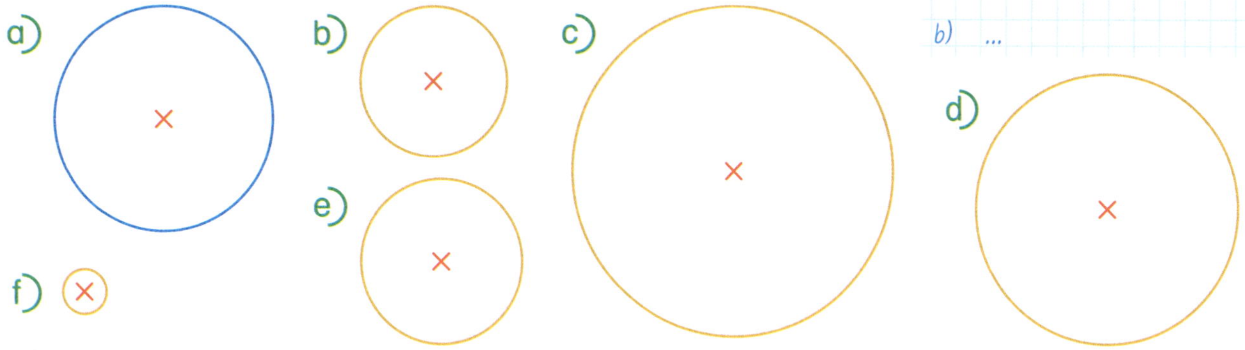

2 Zeichne nach Anleitung Kreisfiguren.

a) Zeichne um einen Mittelpunkt verschieden große Kreise. Beginne mit dem Radius 2 cm. Jeder weitere Kreis hat einen um 5 mm größeren Radius.

b) Zeichne auf einer geraden Linie Punkte im Abstand von 2 cm ein. Zeichne um jeden Punkt einen Kreis mit dem Radius 2 cm.

Seite 29 Aufgabe 2
a) ...

3 Konstruiere eine Figur aus Kreisen.

1. Zeichne in die Mitte eines Blattes um einen Mittelpunkt einen Kreis mit dem Radius 4 cm.

2. Wähle einen Punkt auf der Kreislinie als Mittelpunkt eines neuen Kreises. Zeichne um diesen Punkt einen Kreis mit dem gleichen Radius.

3. Zeichne um die entstandenen Schnittpunkte jeweils Kreise mit dem gleichen Radius.

Ein Schnittpunkt

4 Konstruiere eine Figur nach dieser Beschreibung.

1. Zeichne einen Kreis mit dem Radius 2 cm.

2. Wähle auf der Kreislinie einen Punkt, um den du einen Kreis mit dem gleichen Radius zeichnest.

3. Zeichne nun weitere fünf Kreise mit dem Radius 2 cm, die jeweils ihren Mittelpunkt in einem der Schnittpunkte mit dem ersten Kreis haben.

→ AH Seite 51

★ zeichnen Kreise und Kreisfiguren mit dem Zirkel
★ verwenden mathematische Fachbegriffe

Schmuckfigur und Anleitung erstellen

1 Zeichne diese Schmuckfigur in dein Heft. Unter 1. bis 6. findest du die einzelnen Arbeitsschritte als Zeichenanleitung.

Seite 30 Aufgabe 1

1.
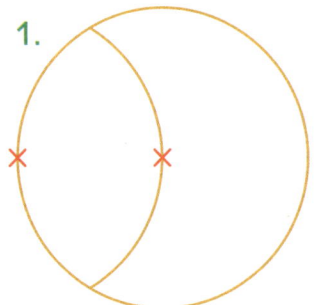

2.
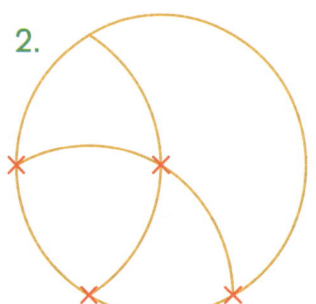

3.
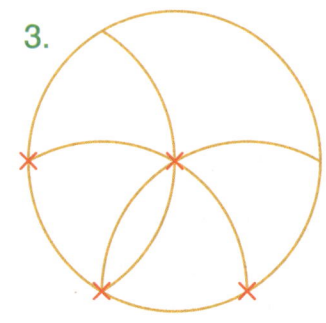

4.
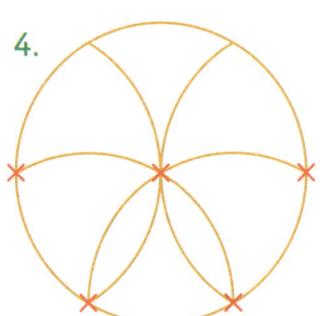

5.
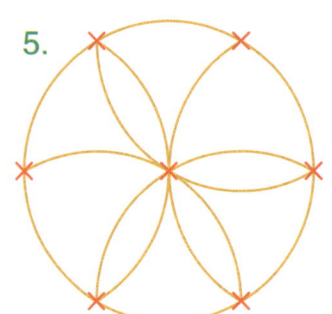

6.
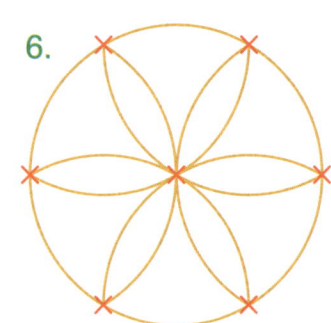

a) Beschreibe in einer Anleitung (Konstruktionsbeschreibung), wie du beim Zeichnen vorgehst. Beispiele für eine Konstruktionsbeschreibung findest du in den Aufgaben ❸ und ❹ auf Seite 29. Notiere deine Anleitung auf einem Blatt.

b) Bitte ein anderes Kind, nach deiner Beschreibung die Figur zu zeichnen. So kannst du prüfen, ob du genau beschrieben hast. Besprecht, ob man die Konstruktionsbeschreibung noch verbessern kann.

Verwende die Begriffe „Mittelpunkt", „Schnittpunkt", „Radius" und „Kreislinie".

* zeichnen nach vorgegebener Schrittfolge eine Schmuckfigur und fertigen eine Konstruktionsbeschreibung an
* verwenden Fachbegriffe richtig

Figuren mit Zirkel und Geodreieck nach Anleitung zeichnen

1 Zeichne jeweils auf unliniertes Papier.
Benutze das Geodreieck und den Zirkel.

a) Zeichne zuerst ein Rechteck mit den Seitenlängen 7 cm und 4 cm. Zeichne dann einen Kreis, der alle vier Ecken berührt.

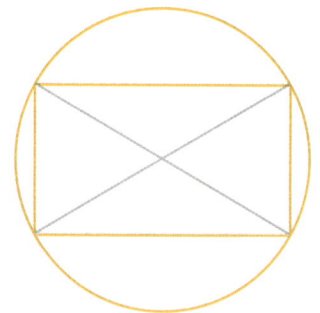

b) Zeichne zuerst ein Quadrat mit der Seitenlänge 4 cm. Zeichne wieder einen Kreis, der alle vier Ecken berührt.

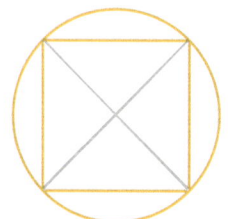

c) Zeichne einen Kreis mit dem Radius 4 cm. Zeichne zwei beliebige Durchmesser ein. Verbinde der Reihe nach alle Berührungspunkte mit der Kreislinie.

Welche Figur entsteht?
Überprüfe mit dem Geodreieck.

Ist das immer so?
Prüfe deine Vermutung, indem du weitere ähnliche Figuren mit anderen Maßen zeichnest.

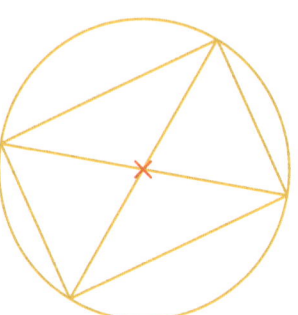

d) Zeichne zwei senkrecht zueinander stehende Linien. Nimm den Schnittpunkt der Linien als Mittelpunkt und zeichne einen beliebig großen Kreis, der die beiden Senkrechten schneidet. Verbinde der Reihe nach die Schnittpunkte der Kreislinie mit den Senkrechten.

Welche Figur entsteht?
Überprüfe mit dem Geodreieck.

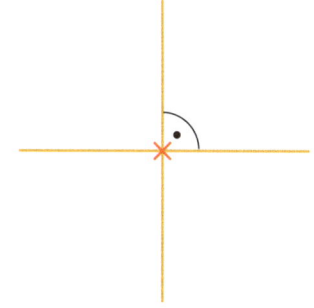

e) Konstruiere selbst weitere Figuren oder optische Täuschungen.

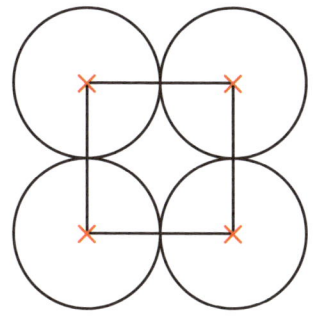  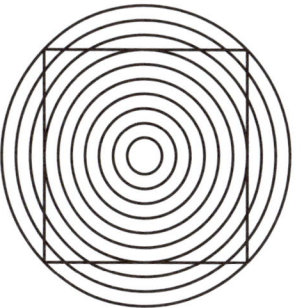

→ AH Seite 52
→ Ü Seiten 44 und 45

★ konstruieren Figuren nach Anleitung unter Verwendung von Geodreieck und Zirkel, wenden dabei Fachbegriffe richtig an
★ übertragen Erfahrungen und Erkenntnisse auf die Konstruktion eigener Beispiele

Die Fibonacci-Zahlenfolge zeichnerisch darstellen

1 Nimm ein großes unliniertes Blatt deines Zeichenblocks (DIN A3).
Zeichne die Spirale ab und setze sie fort.
Beginne mit den beiden blauen Quadraten.

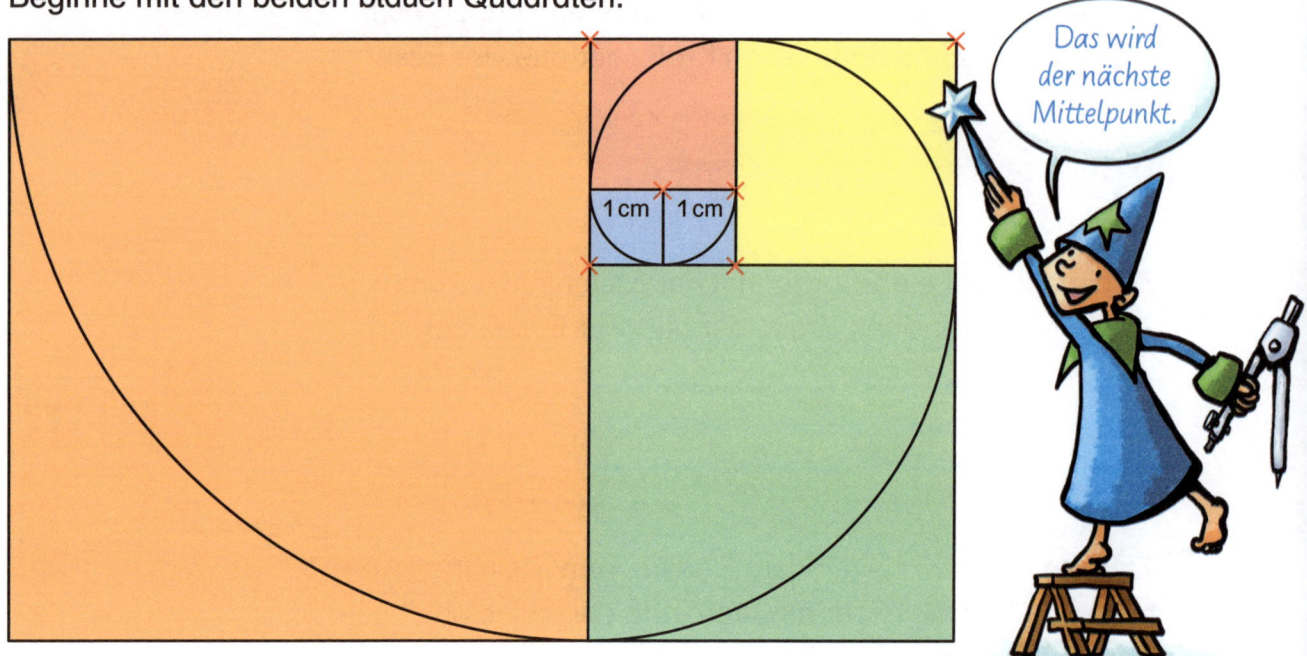

Das wird der nächste Mittelpunkt.

2 Miss mit dem Lineal die Seitenlängen der Quadrate und schreibe sie der Größe nach geordnet ohne Maßeinheit auf.

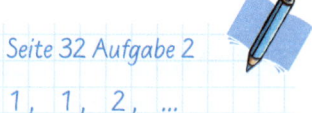

Seite 32 Aufgabe 2
1, 1, 2, ...

3 Finde die Regel für diese Zahlenfolge und setze sie fort bis 610.

Seite 32 Aufgabe 3
...

Leonardo von Pisa, genannt Fibonacci, war ein bekannter italienischer Mathematiker. Er wurde 1180 in Pisa geboren und war von Beruf Kaufmann. Fibonacci reiste oft durch arabische Länder, wo er auch unsere heutigen Zahlen kennenlernte und mit nach Europa brachte.
Er entdeckte auch diese interessante Zahlenfolge, die nach ihm benannt wurde: die Fibonacci-Folge.

* wenden ihre mathematischen Kenntnisse, Fähigkeiten und Fertigkeiten
bei der Bearbeitung herausfordernder und unbekannter Aufgaben an

In einen Kreis regelmäßige Vielecke zeichnen

1 Zeichne zwei Kreise mit dem Radius 2,5 cm und gestalte sie als Ziffernblatt einer Uhr. Die Einteilung kannst du von dieser Zeichnung durchpausen.

Jetzt hast du zwei Kreise mit 60 kleinen Abschnitten.

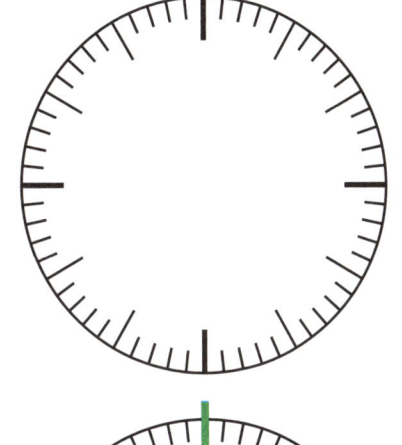

a) Unterteile die Kreislinie des ersten Kreises in drei gleiche Abschnitte. Verbinde die Punkte.

Welche Figur erhältst du?

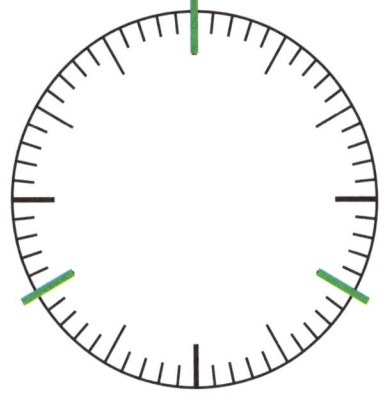

b) Unterteile die Kreislinie des zweiten Kreises in sechs gleiche Abschnitte. Verbinde die Punkte.

Welche Figur erhältst du?

c) Du kannst auf die gleiche Weise weitere regelmäßige Vielecke zeichnen.

←			←				←							
6 000	20	5	8 000	300	20	5	50	10	6	70	100	40 000	5 000	30 000

*zeichnen nach Anleitung regelmäßige Vielecke und verwenden dabei Zirkel und Lineal

Bruchteile der Kreisfläche darstellen

1 Die Kreise sind als Ziffernblätter einer Uhr dargestellt.

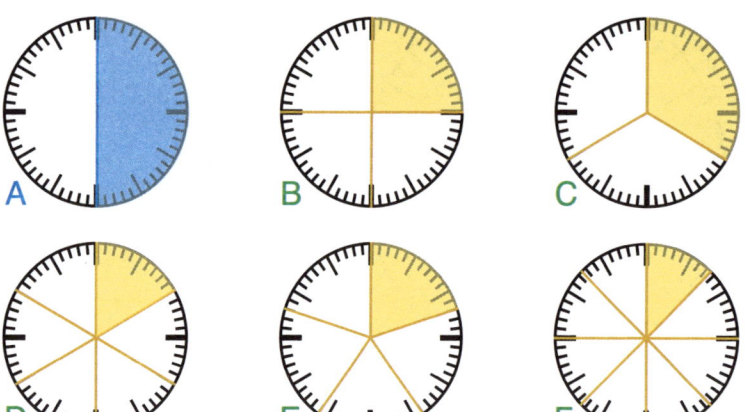

Ordne den eingefärbten Kreisteilen die passenden Bruchteile zu.

die Hälfte: $\frac{1}{2}$ ein Drittel: $\frac{1}{3}$ ein Sechstel: $\frac{1}{6}$

ein Viertel: $\frac{1}{4}$ ein Fünftel: $\frac{1}{5}$ ein Achtel: $\frac{1}{8}$

Seite 34 Aufgabe 1

A: $\frac{1}{2}$

2 Einen vollständigen Kreis kannst du aus unterschiedlichen Bruchteilen zusammensetzen. Schreibe einige Möglichkeiten auf. Die Abbildungen in Aufgabe **1** helfen dir.

Seite 34 Aufgabe 2

$1 = \frac{1}{2} + \frac{1}{2}$

$1 = ...$

⋮

3 Zeichne mit dem Zirkel einen Kreis und schneide ihn aus. Probiere, welche Bruchteile du durch Falten herstellen kannst. Sprich mit einem anderen Kind darüber.

* stellen durch Falten und Zerlegen unterschiedliche Teilstücke (Bruchteile) von Kreisen her
* stellen Beziehungen zwischen Bruchteilen her

→ AH Seite 53

Bruchteile von Größenangaben bestimmen

In allen Größenbereichen findest du Angaben in der Bruchschreibweise.

0
10
20
30
40
50
60
70
80
90
100

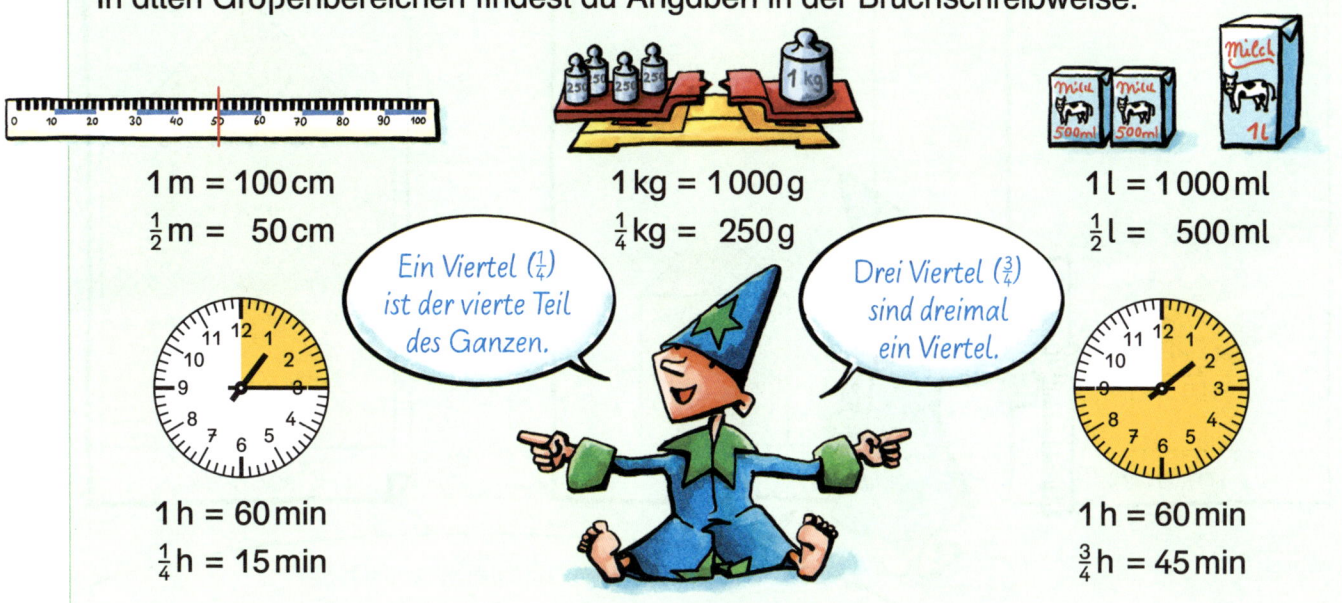

$1\,m = 100\,cm$
$\frac{1}{2}\,m = 50\,cm$

250
250
250
250
1 kg

$1\,kg = 1000\,g$
$\frac{1}{4}\,kg = 250\,g$

Milch
Milch
500ml
500ml
Milch
1l

$1\,l = 1000\,ml$
$\frac{1}{2}\,l = 500\,ml$

$1\,h = 60\,min$
$\frac{1}{4}\,h = 15\,min$

Ein Viertel (¼) ist der vierte Teil des Ganzen.
Drei Viertel (¾) sind dreimal ein Viertel.

$1\,h = 60\,min$
$\frac{3}{4}\,h = 45\,min$

1 Bilde passende Paare.

a) 30 min, $\frac{1}{4}$ min, $\frac{3}{4}$ h, $\frac{1}{4}$ h, 15 s, 15 min, 45 min, $\frac{1}{2}$ h

b) 50 cm, 250 m, 25 cm, $\frac{1}{4}$ m, 75 cm, $\frac{1}{2}$ m, $\frac{3}{4}$ m, $\frac{1}{4}$ km

c) 250 g, 500 g, 750 g, $\frac{1}{2}$ kg, $\frac{1}{4}$ kg, $\frac{3}{4}$ kg

d) 500 ml, 250 ml, 750 ml, $\frac{3}{4}$ l, $\frac{1}{4}$ l, $\frac{1}{2}$ l

Seite 35 Aufgabe 1
a) 30 min = $\frac{1}{2}$ h
⋮
b) ...

2 Schreibe auf, welcher Anteil der quadratischen Fläche jeweils eingefärbt ist.

a) 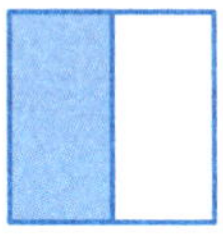
b) 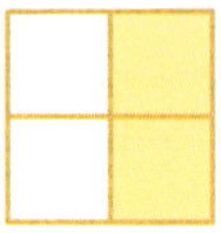
c) 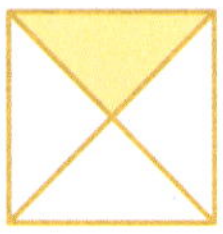
d) 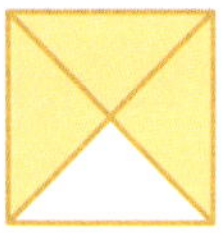
e) 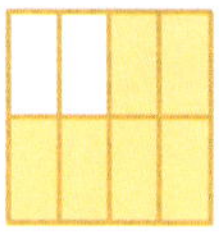
f) 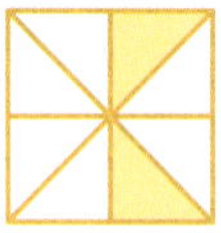
g) 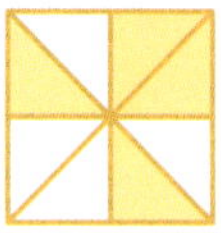
h) 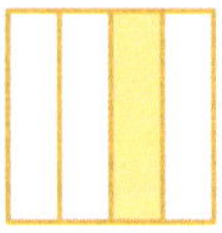
i) 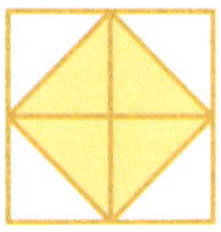
k) 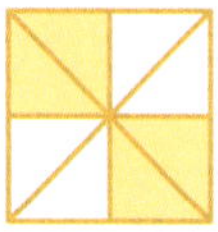

Seite 35 Aufgabe 2
a) $\frac{1}{2}$ b) ...

3 Zeichne Rechtecke mit den Seitenlängen 6 cm und 4 cm. Färbe die Bruchteile jeweils auf mindestens drei unterschiedliche Arten ein.

a) $\frac{1}{2}$ b) $\frac{1}{4}$ c) $\frac{3}{4}$

Seite 35 Aufgabe 3
a) ...

* nutzen im Alltag gebräuchliche einfache Bruchzahlen im Zusammenhang mit Größen und stellen derartige Größen in anderen Schreibweisen dar
* bestimmen die Teilflächen ebener Figuren durch Angabe von Bruchzahlen

→ Ü Seite 46

Figuren verkleinern und vergrößern

verkleinert — Original — vergrößert

Ich verkleinere mein Haus, indem ich alle Strecken halbiere, also halb so lang zeichne.
Ich vergrößere mein Haus, indem ich alle Strecken verdopple, also doppelt so lang zeichne.

1 Zeichne die Figuren vergrößert und verkleinert in dein Heft.

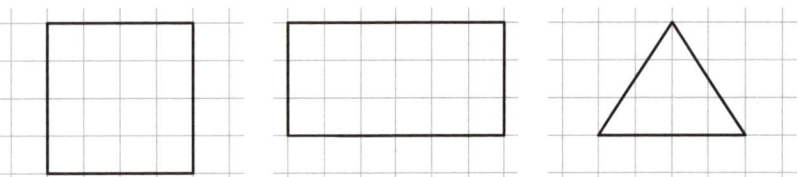

a) Verkleinere die Figuren, indem du die Seitenlängen halbierst.
b) Vergrößere die Figuren, indem du die Seitenlängen verdoppelst.

Seite 36 Aufgabe 1
...

2 Schreibe auf, wie sich beim Verdoppeln und Halbieren der Seitenlängen der Quadrate und Rechtecke die Flächeninhalte verändern.

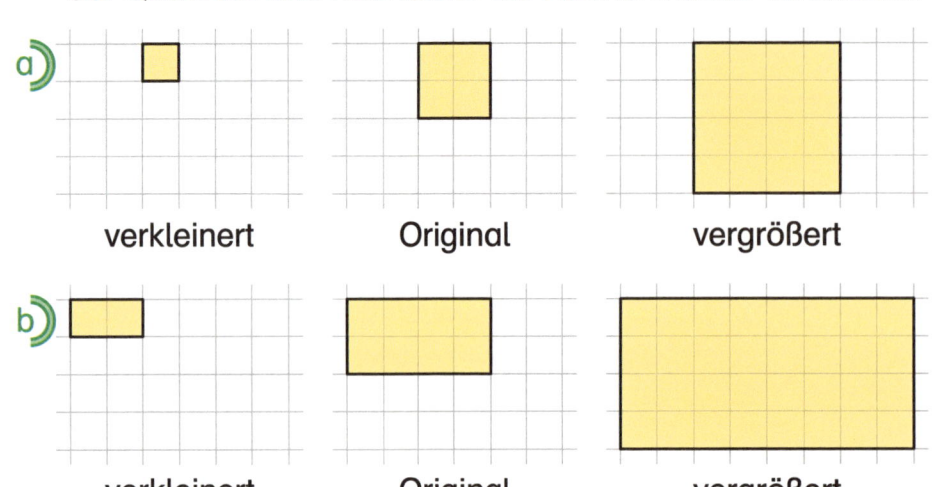

a) verkleinert — Original — vergrößert
b) verkleinert — Original — vergrößert

Seite 36 Aufgabe 2
a) Wenn die Seitenlängen beim Quadrat verdoppelt werden, wird der Flächeninhalt ...
b) ...

*verkleinern und vergrößern ebene Figuren

Muster abzeichnen, vergrößern und verkleinern

1 Zeichne folgende Figuren in dein Heft.
Zeichne daneben die Figuren mit doppelt so langen Seiten.

a) ein Quadrat mit der Seitenlänge 3 cm
b) ein Rechteck mit den Seitenlängen 4 cm und 2,5 cm

2 Wähle eine Figur aus. Zeichne sie vergrößert und verkleinert in dein Heft. Verdopple und halbiere dazu alle Seitenlängen der Rechtecke und Quadrate.

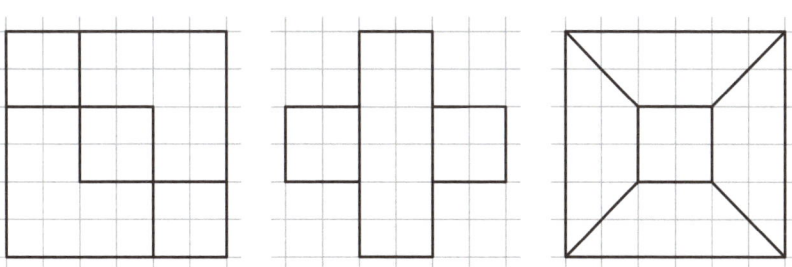

3 Wähle mindestens ein Muster aus.
Zeichne es vergrößert und verkleinert.
Verdopple und halbiere alle Linien.

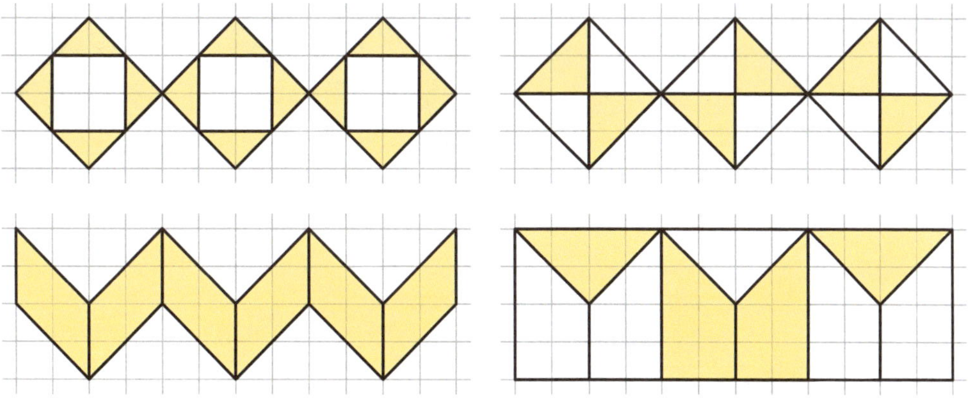

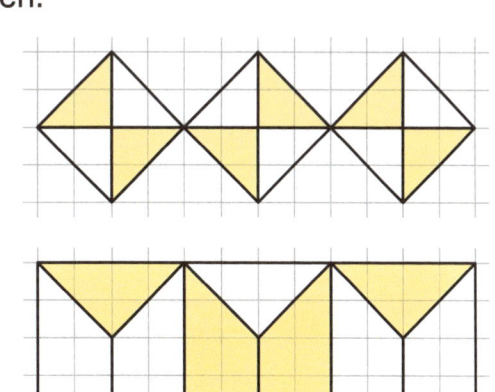

4 Erfinde selbst ein Muster, das du anschließend vergrößerst und verkleinerst.

←			←				←							
70	800	30	900	20	300	3	500	70	600	30	40	20 000	2 700	2 100

* verkleinern und vergrößern ebene Figuren
* wenden ihre mathematischen Kenntnisse, Fähigkeiten und Fertigkeiten
bei der Bearbeitung herausfordernder Aufgaben an

Formen, Muster und Ornamente erkennen und selbst gestalten

1 Seit mehr als 2000 Jahren werden Fußböden, Wände und Säulen mit kunstvollen Mustern und Ornamenten geschmückt. Auch Fenster wurden früher oft auf diese Weise verziert. Ein Bandornament ist ein Muster, das durch häufige Wiederholung einer Grundfigur entsteht.

a) Wähle mindestens ein Muster aus und zeichne es mithilfe deines Geodreiecks, deines Zirkels oder mit einer Schablone ab.

b) Betrachte die einzelnen Teile dieser Muster. Gestalte ein eigenes Muster.

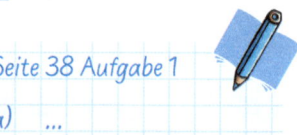

* erstellen Muster und Bandornamente und berücksichtigen deren Gesetzmäßigkeiten
* erschließen sich ästhetische Gesichtspunkte, indem sie geometrische Anordnungen erzeugen und mit Kunstwerken vergleichen

→ AH Seite 54
→ Ü Seite 47

Unterschiedliche Kreismuster gestalten

1 Wähle mindestens vier Muster aus, übertrage sie in dein Heft. *Seite 39 Aufgabe 1*

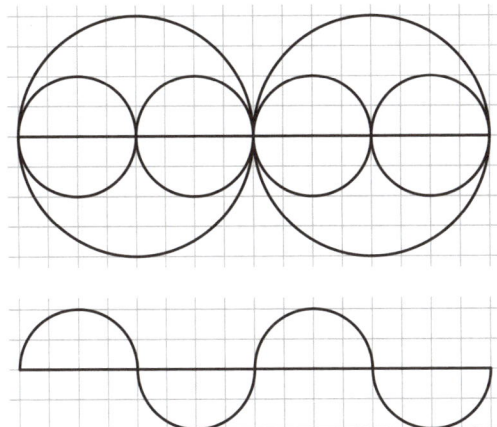
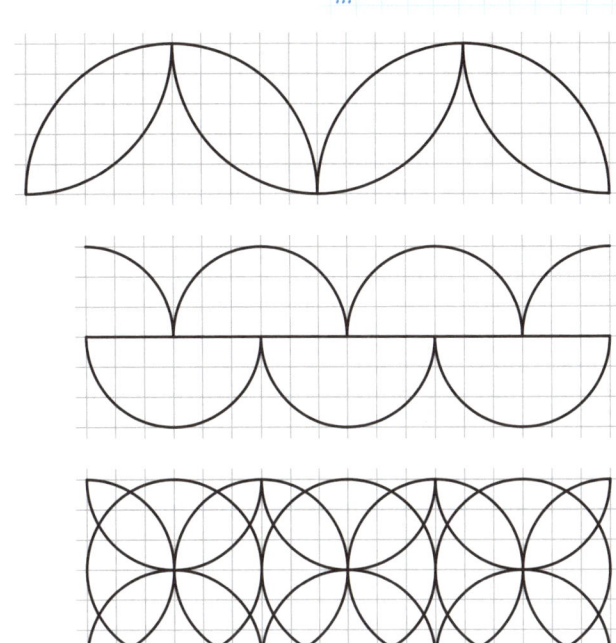
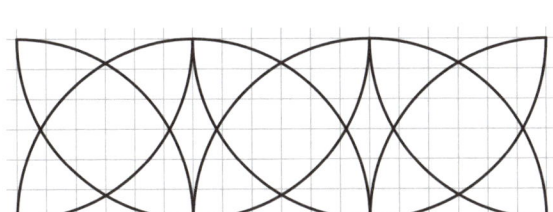

 2 Wähle ein Muster in Aufgabe **1** aus und zeichne es mehrmals hintereinander. Male jedes Muster so aus, dass Bandornamente entstehen. Erkläre einem anderen Kind, warum deine Muster Bandornamente sind. *Seite 39 Aufgabe 2*

Aus einem Muster habe ich drei verschiedene gemacht.

 3

Welche Farbe hat der 1000. Kreis? Besprich mit einem anderen Kind, wie du zu deiner Lösung gekommen bist, und begründe deine Lösung.

4 Schreibe in deinem Lerntagebuch auf, bei welchen Schmuckfiguren und Kreismustern dir das Zeichnen leichtgefallen ist. Begründe.

→ AH Seite 55

∗ erstellen Muster und Bandornamente und berücksichtigen deren Gesetzmäßigkeiten
∗ bestimmen und erklären Gesetzmäßigkeiten in Bandornamenten, verändern diese oder setzen sie fort

Reihen erkennen und fortsetzen

1 Setze die Reihen fort. Schreibe oder zeichne die nächsten drei Elemente in dein Heft.

a)

b)

c)

d)

e)

Seite 40 Aufgabe 1
a) ...

f) Apfel, Lampe, Elefant, Teppich, …

g) Tischtennis, Tennisball, Ballspiel, Spielpartner, …

h) 1, 2, 3, 5, 8, 13, …

i) 1, 4, 9, 16, …

2 Finde heraus, was nicht in die Reihe passt. Begründe deine Lösung.

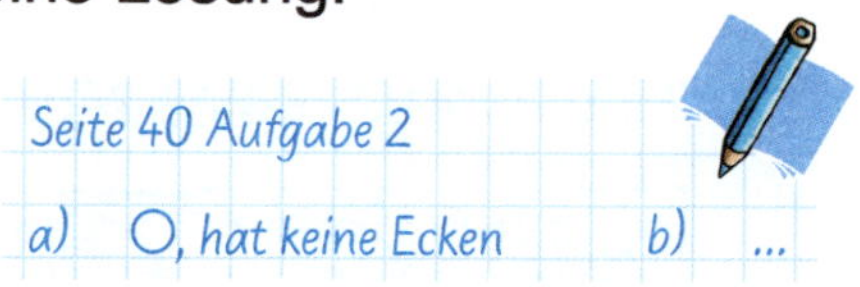

a)

b)

Seite 40 Aufgabe 2
a) ○, hat keine Ecken   b)  ...

c) Karotte, Zwiebel, Apfel, Paprika, Tomate

d) schön, bunt, singen, hoch, hell

e) 275, 300, 625, 423, 780

f) 264, 597, 486, 153, 276

g)

h)

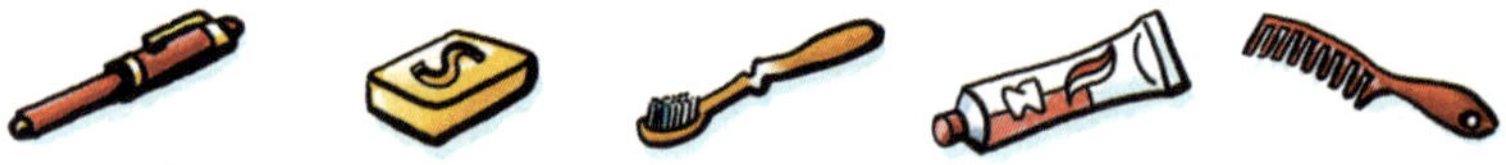

3 Erfinde selbst Reihen und stelle einem anderen Kind die Aufgabe, diese zu ergänzen oder Unpassendes zu finden.

* erkennen Strukturen in vorgegebenen Reihen und nutzen diese beim Fortsetzen der Reihen
* finden Fehler in vorgegebenen Reihen und begründen ihre Ergebnisse
* entwickeln (arithmetische) Reihen, setzen diese fort und verändern sie systematisch